西蒙学习法

如何在短时间内快速学会新知识

友荣方略◎著

人民邮电出版社

北京

U0734379

图书在版编目（ＣＩＰ）数据

西蒙学习法：如何在短时间内快速学会新知识 / 友荣方略著. -- 北京：人民邮电出版社，2022.9
ISBN 978-7-115-59360-3

Ⅰ．①西… Ⅱ．①友… Ⅲ．①学习方法 Ⅳ. ①G791

中国版本图书馆CIP数据核字 (2022) 第097657号

内 容 提 要

本书结合科学家西蒙的学习和成长经历，总结了西蒙学习法的实施逻辑，拆分了西蒙学习法的实施步骤，借助各类案例介绍了西蒙学习法在日常学习、工作中的应用，从而帮助读者应用西蒙学习法。

本书共6章，主要内容包括：如何认识和应用能够帮助人们快速学会新知识的西蒙学习法；如何用有限的时间学习该学的知识；如何让学习有始有终；如何理清头绪，让学习变得更简单；如何心无旁骛地专注精进；如何运用更多学习技巧让学习变得简单高效。

本书适合的读者有想取得好成绩的各年级学生、准备考取各类证书的考生、期望孩子树立正确学习观的家长、面临职业转换的职场人、寻求事业突破的创业者、需要学习的自由职业者、接受新知识速度慢的中老年人、享受学习的终身学习者、期待短时间学会新知识的人和期望通过学习改变命运的人。

◆ 著　　　　　友荣方略
　　责任编辑　　徐竞然
　　责任印制　　周昇亮

◆ 人民邮电出版社出版发行　　北京市丰台区成寿寺路 11 号
　　邮编　100164　　电子邮件　315@ptpress.com.cn
　　网址　https://www.ptpress.com.cn
　　天津千鹤文化传播有限公司印刷

◆ 开本：880×1230　1/32
　　印张：6.75　　　　　　　　2022 年 9 月第 1 版
　　字数：162 千字　　　　　　2025 年 10 月天津第 25 次印刷

定价：59.80 元

读者服务热线：(010)81055296　印装质量热线：(010)81055316
反盗版热线：(010)81055315

前｜言

如何高效学习，顺利通过考试？

如何快速学习一个新领域的知识？

如何在短时间内大幅度提升学习能力？

有一种学习方法可以解决这类问题，那就是西蒙学习法。

西蒙学习法是科学家赫伯特·亚历山大·西蒙所采用的一种学习方法。他不仅是诺贝尔经济学奖的获得者，被称为"人工智能之父"，还帮中国开创了认知心理学这门学科。一定会有读者感到奇怪：这几个看似不搭边的奖项、称号，怎么会集中在一个人身上？

实际上，这些还远不能概括西蒙的学术边界。他涉猎的学术领域非常广泛，包含经济学、管理学、计算机科学、认知科学、政治学、社会学、运筹学、心理学等领域。他是人工智能、信息处理、决策制定等多个领域的开拓者之一，为多个领域的发展奠定了基础。

在学校里，很多学生认为那些学习好的同学每天把所有的时间都用来学习，是只知道学习的人。实际上，所有学习好的人，往往对学习有一定的积极主动性，掌握了学习方法，再投入适当的时间，就取得了比较好的学习成果。这正是西蒙学习法的精髓。

为什么西蒙学习法可以做到让人在短时间内快速了解一个陌生领域呢？

西蒙在心理学领域对学习有深入的研究。他认为人们在学习时，把待掌握的知识拆分成不同的"组块"更有助于记忆。这里的组块可以理解为知识点。西蒙认为，一门学问所包含的信息大约可以拆分成 5 万个组块。

学习和记忆 1 个组块大约需要 1.5 分钟，5 万个组块则大约需要7.5 万分钟，大约是 1250 个小时。假设每天学习 8 个小时，大约需要 156 天，大约是 5.2 个月。

当然，这里的所有数据只是估算。学问有大有小，学习时间有长有短，记忆水平有高有低，但西蒙学习法的原理和逻辑却是被西蒙本人和许多人亲测有效的。

万物皆可物理学，西蒙学习法也是。西蒙学习法既不是只适用于西蒙本人的"拍脑袋"个人总结，也不是难以复制和学习的私人化独特方法。其本质，是物理学中的广义动量定理（General Theorem of Momentum），公式如下。

Fαt=MV。

公式中的 *F* 表示力量，这里的力量还可以指体力、智力、想象力、忍耐力等，而不局限于物理学中定义的力。

α 表示方向，指的是力量朝向何处作用。

t 表示时间，指的是力量在这个方向上作用的时间。

M 表示广义的质量，*V* 表示广义的速度，*MV* 指的是成果。

公式中还蕴含着一个隐藏变量——作用点，指的是力量具体在哪个位置上作用。

成果 *MV* 是力量 *F* 在正确的方向 *α* 上作用于合适的作用点，经

过时间 t 的积累效应。

所以广义动量定理的含义是，成果与 4 个因素有关，一是力量的大小，二是方向，三是作用点，四是作用的时间。

显然，广义动量定理的适用范围是非常广的，不仅在物理学、管理学和经济学等学科中适用，在个人的学习成长中同样适用。

在爱因斯坦看来，成功 = 正确的方法 × 努力工作 × 少说废话。

在稻盛和夫看来，结果 = 思维方式 × 热情 × 能力。

在西蒙看来，学习 = 积极的学习动机 × 有效的学习方法 × 必要的时间投入。

这些公式的背后，都有广义动量定理的影子。

西蒙学习法也被人们称为"锥子学习法"。

居里夫人说："知识的专一性像锥尖，集中精力就像是锥子的作用力，时间的连续性就像不停地使锥子往前钻。"

居里夫人的这句话说出了西蒙学习法的核心原理。

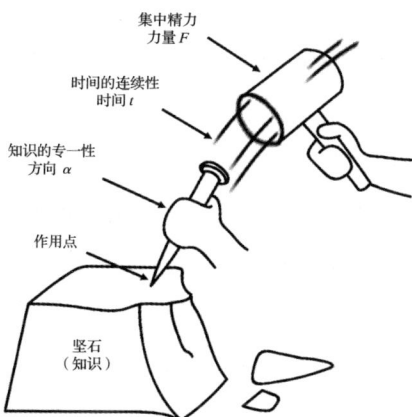

任何知识（学问）就像一块坚硬的大石头。用锥尖朝向这块坚石，就像是居里夫人说的"知识的专一性"，也像是广义动量定理中的

方向"α"。

用一把锤子向锥子施加作用力，就像是居里夫人说的"集中精力"，也像是广义动量定理中的力量"F"。

持续不断地敲打锤子，就像是居里夫人说的"时间的连续性"，也像是广义动量定理中的时间"t"。

当然，锥尖的位置，就像是广义动量定理中隐含的"作用点"。

这个原理也类似于烧水，如果持续对水加热，消耗一定能量后水很快就烧开了。如果加热一会儿就熄火，断断续续地加热，可能消耗再多的能量，耗费再长的时间，水也始终烧不开。这也正是很多人总是"学不会""考不好"的原因。方法对了，连续作用，付出一定努力后，短时间就能学会；方法不对，作用不连续，即使努力没少做，时间没少花，也总是学不会。

越来越多的学校、企业等组织意识到西蒙学习法的作用，开始试点推行西蒙学习法。越来越多有学习需求的人开始接触并享受到西蒙学习法带来的学习成果。

毕竟在这个飞速变化的时代，人们要不断学习新的知识，就要拥有比较强的学习能力。

本书通过解析西蒙学习法的原理，总结和延展了西蒙学习法的实施方法，拆解和细化了西蒙学习法的实施步骤，借助各类案例，介绍了西蒙学习法在日常学习、工作中的应用。

本书的作者团队中有从牛津大学、伦敦大学和清华大学毕业的"学霸"，有多位知名公司高管，有畅销书作家，也有秉持终身学习理念的创业者。这本书是团队成员共同的智慧成果。

祝读者朋友们能够学以致用，更好地学习和工作。

本书若有不足之处，欢迎读者朋友们批评指正。

⊙ 本书内容及体系结构

本书共 6 章。

第 1 章　速学：短时间学会新知识的方法

本章从整体介绍西蒙学习法，包括西蒙学习法的优势，西蒙学习法的公式，什么是真正的学习，实战中如何应用西蒙学习法，西蒙的学习成长对我们的启示，如何用西蒙学习法指导完成考试与学业，如何应对偏科的问题，如何通过学习让自己不断增值。

第 2 章　选择：用有限的时间学该学的

本章介绍西蒙学习法的第 1 步——选择学习领域，包括西蒙是如何做选择的，成功者是如何思考的，如何识别知识质量，如何有效地学习，如何让自己真正学会，如何找对导师，如何找准学习领域，如何提升竞争力。

第 3 章　目标：让学习有始有终

本章介绍西蒙学习法的第 2 步——设定学习目标，包括什么样的学习目标是有效的，如何用最佳实践解决难题，如何萃取优秀经验，如何用奖励杠杆让自己持续学习，学习者应该持有怎样的态度，面对抉择时如何取舍，如何找到和善用自己的优势。

第 4 章　拆分：理清头绪，学起来更简单

本章介绍西蒙学习法的第 3 步——拆分学习内容，包括如何找到拆分学习的最小单位的方法，如何用断点续传的方法学习，如何用记忆卡片充分利用碎片时间，如何用好思维导图，如何用金字塔原理拆分知识，如何用幂次法则抓住关键点，如何有效获取学习资源，如何运用艾森豪威尔法则管理时间，如何突破瓶颈正确学习。

第 5 章　集中：心无旁骛，专注精进

本章介绍西蒙学习法的第 4 步——集中精力学习，包括如何科学地应对注意力不集中的问题，如何养成专注做事的习惯，如何创造距离防止为小事浪费时间，如何提高专注力，如何科学放松大脑，如何引爆情绪激发行动力，如何用舒尔特方格提升专注力，如何从生活的海绵里挤出更多时间。

第 6 章　技巧：让学习变得简单高效

本章介绍用好西蒙学习法的一些技巧。这些技巧能让你的学习获得事半功倍的效果，包括案例学习法、关联记忆法、延伸记忆法、两头记忆法、情绪记忆法、费曼学习法、竞争学习法、番茄工作法、康奈尔笔记法。

⊙ 本书读者对象

想取得好成绩的各年级学生

准备考取各类证书的考生

期望孩子树立正确学习观的家长

面临职业转换的职场人

寻求事业突破的创业者

需要学习的自由职业者

接受新知识速度慢的中老年人

享受学习的终身学习者

期待短时间学会新知识的人

期望通过学习改变命运的人

目　录

3

第 3 章　目标：让学习有始有终

4

第 4 章　拆分：理清头绪，学起来更简单

5 第 5 章　集中：心无旁骛，专注精进

6 第 6 章　技巧：让学习变得简单高效

1

速学：
短时间学会新知识的方法

万物皆有方法论。学习本身与骑自行车、打篮球、游泳等运动项目一样，是有方法论的。掌握高效的学习方法，就可能在短时间内学会许多知识。如果学习方法无效，则可能事倍功半。西蒙学习法就是一种世界公认的高效学习方法。

1.1 成为卓越：西蒙学习法好在哪儿

赫伯特·亚历山大·西蒙（Herbert Alexander Simon，1916—2001年）在很多领域取得过顶尖的学术成就，并通过众多学术成果为世界科学的发展做出了巨大贡献。

对于多数学者，我们一般不会将其称为科学家，而是某领域的专家，例如心理学家、管理学家。但对西蒙，用科学家称呼他则更贴切，因为他是 20 世纪科学界的奇才，也是个通才。他是世界上第 1 位获得诺贝尔经济学奖的管理学家，也是第 1 位获得诺贝尔经济学奖的心理学家，同时也被称为"人工智能之父"。

西蒙涉猎的学术领域非常广泛，包含经济学、管理学、计算机科学、认知科学、人工智能、政治学、社会学、运筹学、心理学等领域。他是人工智能、信息处理、决策制定等领域的开拓者之一，为多个领域的学科发展奠定了基础。

很多人认为，成为一个领域的专家需要"做深"，了解不同领域需要"做广"，而深度和广度不可兼得，一个人一生能把一个领域研究透，成为一个领域的专家已经很难得了，不可能成为不同领域的通才。但西蒙向世人证明，这种观念其实只是人们的固有认知。

西蒙在很多科学领域都有建树，各个领域的世界级大奖他也拿过不少，西蒙获奖情况如表 1–1 所示。

西蒙学习法：
如何在短时间内快速学会新知识

表 1-1 西蒙获奖情况

领域	年份	获奖情况
经济学	1973 年	美国经济学会荣誉会员
	1978 年	诺贝尔经济学奖
管理学	1983 年	美国管理科学院学术贡献奖
	1995 年	美国公共管理学会沃尔多奖
计算机科学	1975 年	美国计算机协会图灵奖
	1978 年	国际人工智能协会杰出研究奖
	1986 年	美国国家科学奖
	1995 年	国际人工智能学会终生荣誉奖
心理学	1969 年	美国心理学会杰出科学贡献奖
	1988 年	美国心理学基金会心理科学终身成就奖
	1993 年	美国心理学会终身贡献奖
政治学	1984 年	美国政治科学学会麦迪逊奖

很多在某一领域深耕多年的专家学者终其一生都很难获奖，西蒙却能在经济学、管理学和计算机科学等多个领域获得最高荣誉。

为什么西蒙可以在这么多领域取得辉煌的成就？

西蒙并不是什么过目不忘的"超人"，智商也没有高到让人望尘莫及。西蒙的卓越，主要得益于他的学习方法。西蒙曾说，只要方法得当，肯下功夫，具备一定的基础，人们就可以在短时间内掌握任何一门学问。

学习法是关于学习的方法，是掌握各类知识的方法，是"掌握万法之法"。而西蒙学习法，又是各种学习方法中被世人公认高效的。西蒙本人的卓越已经证明了这一点，掌握西蒙学习法后，就有可能快速学会许多知识。

本书接下来的内容将会深度解析西蒙学习法的原理，并用理论联系实际，结合更多学习方法论，探讨西蒙学习法的延展应用。

西蒙和中国有非常深的渊源，算是个"中国通"。他先后 10 次到访中国。除美国外，他在中国度过的时间比在任何其他国家都要长，加起来足足有一年。他还是中国科学院首批外籍院士。

西蒙有个中文名叫司马贺。北京师范大学教授张厚粲回忆，这个中文名是西蒙和曾任中国心理学会理事长的中国心理学会终身成就奖得主荆其诚先生一起取的。

荆其诚与西蒙私交甚好，曾多次邀请西蒙来中国。1983 年，西蒙受邀来到北京大学讲授认知心理学。后来，荆其诚和张厚粲根据其授课内容，形成著作《人类的认知》。

西蒙的英文名叫 Herbert Alexander Simon。美国人的姓名结构一般是名字·名字·姓氏，姓氏在最后，名字在前面。Simon 是西蒙的姓氏，Herbert 和 Alexander 是西蒙的名字。

美国人的中间名一般只在家族内部使用，有点儿类似中国父母给孩子取的小名。美国人书写自己的名字时一般只保留中间名的首字母，有人则习惯省略不写。除生活中比较私人的交流外，外人一般不会称呼对方的中间名，法院也不承认中间名是法定姓名，所以西蒙的英文名也可以为 Herbert Simon。

西蒙的姓氏是 Simon，中文的书面翻译习惯将 Simon 翻译成"西蒙"。但实际上，Simon 的英文发音更接近"赛门"，"西蒙"更像是某个法语名的发音。荆其诚跟西蒙说，在古代，中国有不少姓"司马"的名人，例如司马光、司马懿。Simon 的发音"赛门"跟"司马"有些类似，所以西蒙的中文名可以姓"司马"。

中文姓名一般是 2 个字、3 个字或 4 个字。姓用了复姓，名还可以取 1 个字或 2 个字。西蒙的名字是 Herbert，读音类似"赫伯特"。

荆其诚觉得可以取"贺"字，一来与 Herbert 的首音发音相同，二来恭贺西蒙来到中国，三来"贺"字也有喜庆、祝颂的含义，是个寓意正面、人们喜闻乐见的好字。

西蒙对"司马贺"这个中文名字很满意，在中国时一直使用自己的中文名字，向中国人介绍自己时，也喜欢自称"司马贺"。

1.2　学习秘诀：西蒙学习法的公式

如何使用西蒙学习法？

西蒙学习法 = 积极的学习动机 × 有效的学习方法 × 必要的时间投入。

西蒙认为，学习的过程是对一系列符号进行学习、存储及以后提取和应用的过程。实现这一过程只靠记忆显然是不够的，还要将所得的信息进行延伸创造。

学习需要动机和奖励，人必须知道学习可能为自己带来的好处，也就是学习能帮助其行为得到某种改善，或给自己带来某种报酬，让自己获得某种奖励。这种改善、报酬或奖励能够强化人们学习的动机。

根据西蒙的观点，我们来梳理一下有效学习公式中的三大要素。

1. 积极的学习动机

学习需要通过内驱力来强化，就像燃油车需要汽油才能跑，电动车需要电才能跑。这种内驱力来自人类趋利避害的本性。当某种事物给人带来的学习内驱力足够强时，人们就积极学习；当缺乏学习的内驱力时，人们对待学习的态度将会是消极的。

学习动机就是为学习提供能量的"燃料"。当然这种"燃料"不一定是外在的、物质的，还可能是内在的、精神的。例如，当人们做成某件事时，如果完成得比较好，人们会产生一种内在的满足感，满足感同样可以让人产生学习动力。

2. 有效的学习方法

学习方法有很多，本书要讲的是西蒙学习法，所以这里将有效的学习方法的内容替换为西蒙学习法的实施步骤。西蒙学习法具体要如何实施呢？简单来说，可以分成4个步骤。

（1）选择学习领域。

（2）设定学习目标。

（3）拆分学习内容。

（4）集中精力学习。

本书接下来的内容会围绕这4个步骤展开详细描述，这里便不再展开。

将西蒙学习法的实施步骤代入有效学习公式，可以将有效学习公式做如下变换。

西蒙学习法 = 积极的学习动机 ×（选择学习领域 + 设定学习目标 + 拆分学习内容 + 集中精力学习）× 必要的时间投入。

3. 必要的时间投入

学习必然需要时间的投入，需要大量实践和练习、大量试错和纠偏、大量反馈和调整，这样才能建立起有效解决同类问题的程序。

马尔科姆·格拉德韦尔（Malcolm Gladwell）讲过一个"一万小时定律"，大致意思是每个了不起的人都要经过大约一万个小时的练习才能最终成功。莫扎特练习了一万个小时才成为杰出的音乐家，比尔·盖茨练习了一万个小时的编程才取得成功。

西蒙学习法中"积极的学习动机""有效的学习方法""必要的时间投入"三大要素的相关内容，会在本书接下来的不同章节中详细介绍。

1.3　学习真相：到底什么是真正的学习

常听人说，知道了那么多道理，却依然过不好一生。

于是有些人据此得出了学习无用论。

这是典型的错误推论。如果非要从世俗的角度评判，学习并非必然带来成功，但不学习必然导致失败。

为什么会有"知道了那么多道理，却依然过不好一生"这种情况呢？

从知行合一的角度，可以解释为知道不等于做到。从概率学中正态分布的角度，可以解释为成功者是少数。但实际上有一个更容易理解的解释，那就是知道不等于学到，知道了道理，不等于学到了道理。知道道理，只是"以为自己学会了"，而不是"真的学会了"。

知道是什么？

知道只是记住了信息，而不是学到了知识。很多人有一个认知误区，认为学习知识就是知道了原本不知道的某个信息。这其实不是学习知识，只是单纯地记忆信息。学习不是记忆。

这就是为什么很多孩子小学的时候经常能够考试拿满分，但是到了初中之后，考试拿满分变得越来越难。有的家长认为是因为孩子上初中后变得越来越贪玩，不爱学习了。实际上最主要的原因是小学阶段的学习大多依靠记忆，只要记住一些信息，考试时能够回忆起来，就有可能拿满分。例如小学语文的认字、认词，背诵课文，小学数学的背诵乘法口诀表，小学英语的认字母、音标和一些简单的单词等。

在小学阶段，死记硬背可能是有效的。可到了初中，考题考查的已经不全是需要记忆的信息，学生仅靠记忆渐渐无法解答考试的题目，必须真的学会某种解题的程序，才能取得好成绩。这一点在数学、物理、化学这类理科学科中表现得尤为明显。

这正是人们常说的学习需要理解。真正的学会，必然是理解之后的融会贯通。

著名物理学家爱因斯坦（Albert Einstein）说："学习知识要善于思考，思考，再思考。"

笔者总结了一个学习的 ABC 原理：看到了 A，学到了 B，用出来变成了 C，这才是真正的学习成长。很多人不是这样的，很多人是看到了 A，记住了 A，就只会用 A，结果用的时候发现 A 没有解决问题，就说 A 没有用，这其实是不会学习的表现。

当我们看到 A 时，记住 A 需要记忆力；当我们记住 A 后，学到 B 需要总结、归纳、发散的能力；当我们学到 B 时，想要用出 C，则需要对场景进行观察、思考，同时对 B 不断练习、复盘并不断调整。

所以，学习能力从来都不是单一的记忆力，而是能够发散思维、举一反三，并能在实际应用时灵活变通的能力。记忆和学习最大的不同之处在于，记忆是靠"量"取胜的，而学习是靠"法"取胜的。

人能接收到和记住的信息是有限的，当然这不是因为人的脑容量有限。脑科学的研究认为，人的长时记忆存储空间可以被认为是无限的，所以不需要担心脑子里装的东西多了，就无法再装进更多的东西。

人能记住的信息有限，是因为人的时间有限，持续就某一类问题记忆过多的信息是无意义的。例如对于写作来说，记住一些诗词是必要的，但记住古往今来所有的古诗词则不一定有必要；对于数学来说，为了方便计算，记住乘法口诀是必要的，但记住所有数字相乘后的计算结果则不一定有必要。

退一步讲，就算有个人能把古往今来所有的古诗词，甚至文学作品全记住，能代表这个人学会写作了吗？当然不能。否则，人工智能早就应该能持续不断地写出最优雅的诗词歌赋了。

真正的学习需要什么呢？

（1）信息。必要的信息是学习的基础，虽然学习不等于记住信息，但学习需要有必要的信息。

（2）案例。纯粹的信息有时是抽象的，案例是信息的具象化应用。有了案例，信息就有了应用场景。

（3）练习。持续一段时间的练习是对所掌握信息的巩固和理解，有助于在大脑中建立起某种程序。

（4）反馈。通过反馈，人们获得正确的认知或错误的验证，于是能不断纠偏，并在大脑中不断重构程序。

1.4 源于热爱：西蒙的学习成长有何启示

西蒙的学习动机来自哪里呢？

来自他对知识的好奇和渴望。西蒙对学习新知识的热爱，源于他的家庭环境。对西蒙的学习成长影响比较大的人主要有 3 位，一位是西蒙的父亲，一位是西蒙的母亲，还有一位是西蒙的舅舅。

西蒙出生在美国威斯康星州的密尔沃基。他的父亲叫亚瑟·西蒙

（Arthur Simon），是个德国人，1903年移民至美国密尔沃基市，一开始是一家制造公司的工程师，后来成为一名专利律师。1934年，西蒙的父亲获得马凯特大学（Marquette University）的荣誉博士学位。

西蒙的父亲是个发明家，数学和科学等学科的基础很好，发表过不少论文，拥有很多项发明和专利。西蒙知道这件事，但从没有问过父亲："你的发明是怎么回事？"原因有二：一是如果父亲说了，就会让发明变得无趣；二是直接得到答案就像是作弊。西蒙更喜欢自己从书中寻找答案。

西蒙的母亲叫埃德娜·玛格丽特·默克尔（Edna Marguerite Merkel），是个美国人，一开始是钢琴教师，1910年与西蒙的父亲结婚后成为家庭主妇，后来活跃在当地的音乐俱乐部中，经常参与表演活动。

西蒙的父亲给他树立了学习的榜样，母亲则给了他不少关爱。相比于父亲，西蒙的母亲和他更亲近一些，她对西蒙一直很和善，让他拥有充足的爱。西蒙小时候和母亲相处的时间更长，母亲关心他的成长，会时不时问他最近都学到了什么。

西蒙的舅舅叫哈罗德·默克尔（Harold Merkel），是威斯康星大学的高才生，师从经济学家约翰·康芒斯（John R. Commons），曾为国家工业委员会（National Industrial Conference Board）工作。可惜他的舅舅英年早逝，去世时年仅30岁。

西蒙的舅舅喜欢读书，给他留下了很多种类的书。受舅舅的影响，西蒙也渐渐喜欢读书。西蒙从10岁开始就尝试阅读各种类型的书。通过阅读，他自学了经济学、心理学、古代历史、分析几何学、代数和物理等学科。

西蒙家中书架上的《联邦人士论文集》（*The Federalist Papers*）

和威廉·詹姆斯（William James）的《心理学》（*Psychology*）就是当初舅舅留下的。

后来，家里的书和舅舅留下的书都读完了，西蒙就去附近的公共图书馆里找书读。这让他很早就有机会沉浸在知识的海洋中。

在他常去的公共图书馆所在的大楼里还有博物馆，他也经常跑到博物馆学习，甚至对博物馆里的每个藏品都了如指掌。后来他还迷上了昆虫标本，和博物馆里的昆虫学家成了朋友。

典型的问题家庭里，一般会有一个缺席的父亲、一个焦虑的母亲和一个失控的孩子。父亲不仅起不到表率作用，还给不了关心和陪伴；母亲担心孩子不成才，一味揠苗助长；孩子感受不到爱，只感受到压力，于是叛逆应对。

内在的学习动机比外在的学习动机更有效，也更持续。西蒙为什么可以持续学习，不断精进？为什么不像很多人那样被各种休闲娱乐活动所吸引？因为读书学习本身就是西蒙的兴趣，就是他喜欢的。

一个人做自己喜欢的事时，不仅可以自发地投入，而且更容易坚持。过程中如果有一定的正反馈，会不断产生正面情绪。反过来，如果一个人是出于外在压力被迫做某件事，就要抑制住负面情绪，负面情绪在可能到达某个临界值后冲破压力，结果必然不可持续。

这就是为什么有一些学生在高考前能够努力学习，考上大学之后，没有了家长和老师施加的外部压力，就把学习扔到一边，结果挂科，严重的甚至被退学。

法国启蒙思想家德尼·狄德罗（Denis Diderot）说："不读书的人，思想就会停止。"

西蒙虽然热爱读书学习，但他并不是死读书。他喜欢弹钢琴、下国际象棋和画画，曾经花了不少时间在这些活动上。因为掌握了较好的学习方法，且自身学习能力较强，西蒙在这些领域也都比较专业。

和很多玩物丧志的人不同的是，西蒙知道自己最热爱的是学习知识和做科学研究，所以当科研学习的时间与休闲娱乐的时间冲突时，西蒙会毫不犹豫地选择科研学习。可以说，学习就是西蒙最大的休闲娱乐，科研就是西蒙最感兴趣的事。

世界著名投资人巴菲特的合伙人查理·芒格（Charlie Thomas Munger）说："我这辈子遇到的来自各行各业的聪明人，没有一个不每天阅读的——没有，一个都没有。而沃伦读书之多，可能会让你感到吃惊，他是一本长了两条腿的书。"

获得新知可以激发人脑分泌多巴胺，给人带来快乐。把学习变成兴趣，学习过程将自然变得主动且可持续，学到的越多，人就越快乐。如果把学习看作负担，那学习过程必然是被动且不可持续的。

当一个人的学习成绩不好，不喜欢读书学习时，首先要做的不是"向外求"，试图通过施加外部压力来迫使自己学习，而是应该"向内求"，先让自己喜欢读书学习。

如何让自己对读书学习产生兴趣呢？

脑科学研究表明，不带负面情绪地持续做某件事，当积累一定时间后，自然就会对这件事产生兴趣。对读书学习产生兴趣的方法，就是每天拿出固定的一段时间，不带任何负面情绪地读书学习，时间久了就会喜欢读书学习。

看到这儿一定会有读者产生这样的疑问：每天拿出固定的一段时间来读书学习，这需要坚持，需要自控力，自己做不到，怎么办呢？有一个不需要自控力的简单方法——养成习惯。这一点在之后的章节中会详细介绍。

西蒙学习法：
如何在短时间内快速学会新知识

1.5　内在驱动："学霸"们如何运用西蒙学习法

西蒙喜欢读书，他是如何选择自己的阅读书目的呢？

他没有去问别人自己应该读什么书，而是有自己的选择方法。他认为百科全书上有图书索引，公共图书馆里又有不同图书的目录。他完全可以根据自己的需要选择自己想看的书。这正是西蒙早年热爱学习的关键——兴趣导向。根据自己的兴趣，读自己想读的书，而非由别人来告诉自己该读什么、该学什么。

作家赫尔曼·黑塞（Hermann Hesse）说："世界上任何书籍都不能带给你好运，但是它们能让你悄悄成为你自己。"

学校中不少"学霸"的学习方法和西蒙学习法有异曲同工之妙。这些"学霸"有的是刻意为之，有的是不自觉地使用。不论是哪一种，他们都有一个共同的特点——培养了学习兴趣。

2021 年，合肥一中美国高中班的丁雯琪同学被美国麻省理工学院的电气工程与计算机科学专业录取，成了安徽省第 1 个被美国麻省理工学院录取的省内高中生。

丁雯琪在高中期间就获得了丘成桐中学科学奖（计算机类）、美国计算机奥林匹克竞赛白金奖、英国奥林匹克竞赛银奖、中国化学新星挑战赛金奖。同时，她还参加了 Pioneer Academy 先锋学院、斯坦福数学营、宾夕法尼亚大学夏校（复杂网络）的活动。

说起自己学习成绩好的秘诀，丁雯琪说："兴趣是最好的内驱力，良好的习惯助我做好时间管理，自学是非常重要的能力，自律是最好的保障。"

1. 兴趣

丁雯琪从小就喜欢看书，阅读范围很广，什么类型的书都看。

她经常会看书看到入迷，吃饭时还在看，甚至会举着筷子忘了吃饭。读书扩展了丁雯琪的视野，书中讲到的地方她都会迫不及待地想去游览。每到寒暑假，她就会和家人一起旅行，去书中讲到的地方游览。

她小时候爱看哈利·波特系列小说，看完中文版又看英文版。开始看英文版时看不懂，遇到生词她就查词典，后来渐渐能全部读懂了。她发现读英文版小说让她对小说的细节有了更深刻的理解，不仅获得了很大的乐趣，而且让自己养成了读英文原著的习惯，为她将来的英语学习和阅读理解提供了很大的帮助。

2. 习惯

这样的学生，是不是把所有的时间和精力都放在学习上了？实际上并不是。上高中前，丁雯琪就已经通过了中国古典舞十级、钢琴十级考试，学习了 7 年的芭蕾舞和多年的书法，而且羽毛球也打得非常出色。

在她上小学的时候，母亲就帮助她养成了好的学习习惯。例如，每天放学回到家要先写作业，写完作业才能玩。小孩子都贪玩，她也一样，但在父母的严格要求下，她渐渐养成了很多好的、有助于学习的习惯。

3. 自学 + 自律

丁雯琪的班主任倪成阳老师说："丁雯琪最大的特点就是自学能力很强，特别自律，愿意花时间钻研。"丁雯琪说，她的父母本身工作也很忙，平时没有那么多时间管她，但父母踏实工作的态度给她树立了很好的榜样。

她觉得，小学的知识比较基础，知识面窄，但到了初中，知识面开始变广，仅靠学习教材上的内容和做题是很难把知识点真正"吃"透的。这就需要自学，深入挖掘和研究知识点背后的知识体系。

作家斋藤孝说："学习本来是对未知事物的求知欲、好奇心，是一种由内而外自发形成的欲求。换句话说，就是一种受学习欲望驱使的行为。但不知从何时开始，学习从一种欲求变成了一种义务，从'我要学习'变成'要我学习'。我们从小就被养成了'学习就是完成作业'的习惯，这让我们无法主动学习，也无法积极地思考自己想做什么、该怎么做。"

兴趣是最好的老师，与丁雯琪类似有内在驱动力的，还有杨景程同学。

在法国巴黎举办的第 51 届国际中学生化学奥林匹克竞赛中，湖南省长沙市第一中学的杨景程同学荣获金牌。周围人评价杨景程同学，说他最大的特点就是专注、自律和坚持。

教练王治斌说，杨景程很会安排、规划自己的学习，竞赛班的上课内容包括高中教材中的内容还有无机化学、有机化学等大学教材中的内容，杨景程都学得很好！

班主任陈奇志说，杨景程语文特别好，喜欢阅读，有时候喜欢在手机上看点儿小说或者玩点儿游戏，这时候只要老师提醒一下，他马上就能接受意见停下来，投入学习中。他每天都坚持制订学习计划，很有韧劲。

爱好是自学的内在驱动力，有了这种驱动力，就算本来不是"学霸"，也可以学会别人难以学会的知识。例如，像编程这种比较复杂的知识，只有高学历的人才能学会吗？当然不是。大专毕业的小伙子李桑郁，先利用空闲时间自学计算机编程，又用了 6 个月时间编出了一个智能系统，大幅度降低了列车编号核对和喷涂的出错率，为单位降低了 20 万元的成本。他的研发成果还获得了 2020 年度深度学习技术及应用国家工程实验室颁发的"产业应用创新奖"。

李桑郁 2018 年大专毕业后考入中国铁路武汉局集团有限公司，从事外制动钳工的工作，也就是负责检修火车的"刹车系统"。他说自己上大专的时候就对程序控制比较感兴趣，学习程序控制需要打好数学基础，他便通过"蹭课"的方式学习数学，有不懂的知识总是主动向老师请教。

　　李桑郁从小在铁路大院里长大，对铁路有很深的感情。他坚信铁路系统也会有智能化应用的空间。爱好是重要的学习驱动力，有了学习驱动力，就算原来的知识基础不足，同样也可以学有所成。

　　丁雯琪、杨景程和李桑郁对待学习的态度与西蒙很像，正应了那句话，优秀的人总是惊人的相似。

1.6　反转偏科：如何喜欢上原来不喜欢的学科

　　在学校学习中，很多人有偏科的情况，这一点连"学霸"也不能幸免。造成偏科的最大原因是不喜欢。一个人如果不喜欢正在学习的课程，那么就会导致他不能全心全意地投入。

　　人会因为喜欢而产生积极的心态和主动的行为。当学生喜欢一门课时，他会满怀期待地上课，开心地完成作业，也会为解决了一个难题而欢欣鼓舞。喜欢，可以让学习效率大幅提升。

　　相反，如果不喜欢，那就麻烦了，可能一上课就头疼，一看作业就发愁。所以，为了提高学习效率，我们最好能让自己喜欢上所有的学科。

　　实际上，每一门学科都有它的美，我们试着去发现不同学科的美，学着去欣赏不同学科的美，这样就比较容易喜欢上所有学科。上

　西蒙学习法：
　　　　如何在短时间内快速学会新知识

大学前，阅读的习惯和对知识的好奇让西蒙的各门学科成绩都不错。他几乎没有讨厌的学科。

当学生出现偏科问题时，如何让他喜欢上原来不喜欢的学科呢？

1. 消除陌生感

要喜欢一个东西，必须对其有一定的熟悉感，至少要对其中部分内容有熟悉感。

在笔者小时候，亲戚曾送给笔者一套讲中国历史的《上下五千年》。在家无聊时，笔者就翻看这本书。等学校开设历史课时，笔者一下子就喜欢上了这门学科。因为笔者对课本上的很多内容都很熟悉，所以学起来很有兴趣，也特别省力。

刚开始学英语时，笔者特别不喜欢这门学科，因为之前没有接触过任何与英语有关的信息。觉得这门学科离自己很遥远、很陌生。第一次看到 26 个英文字母时，觉得它发音怪怪的，写法也怪怪的。笔者花了整整一周时间，才彻底熟悉它。后来每天背几个单词都要花将近一个小时的时间。

所以，想要喜欢一门学科，我们最好平时多接触它，在正式开始学习之前，多了解这门学科相关的故事或背景。例如，我们可以多看一些旅游类纪录片、与历史相关的漫画、科普类的小故事等，这些都有助于我们喜欢上对应的学科。

2. 寻找有趣的内容

学习过程有时是枯燥的，如果能增加一些趣味性，就能帮助我们喜欢学习。就像制药厂会将药粉放到一个胶囊中，或裹上糖衣，这样我们吃药时就感觉不那么苦了。同样我们可以找一些有趣的东西，将枯燥的知识包裹起来，帮助我们慢慢对它产生兴趣。

例如，笔者最开始很不喜欢英语课，后来在英语辅导资料上看到了一个英语单词的字谜游戏，游戏要求玩家在横竖交叉的方格内填写对应的字母，从而构成单词，笔者一下子就喜欢上这个游戏，不停地查词典、填空，玩得不亦乐乎。

为了玩得尽兴，笔者还会自己收集单词来设计各种的字谜游戏，并分享给同学。通过这个游戏，笔者就喜欢上英语了。

所以，为了让学习过程不那么枯燥，我们需要花一些时间寻找课程中的趣味，如专门的游戏或一些趣味故事等。

3. 心理暗示

越怕什么，越来什么——这就是心理暗示。我们越是害怕某门学科，可能就越是学不好它。因为这种负面认知会抑制我们的学习动力，降低我们的学习效率。

这时，我们需要建立正面的认知。假设我们讨厌数学，我们可以每天默念几次"我喜欢数学"；我们可以在便利贴上写"我肯定能学好数学"，并把它贴到我们的桌子上。坚持一段时间后，我们可能就会发现数学并没有那么讨厌，学起来似乎还挺有意思的。

喜欢还是讨厌一门学科，本质上是一种个人的主观感受。如果我们不去改变，这种感受会一直存在，甚至不断加强。如果是喜欢还好，如果是讨厌，则会让我们的学习过程变得痛苦不堪。

所以，我们最好能提前接触相关内容，消除陌生感；在学习过程中寻找有趣的内容，消除枯燥感；同时每天都给自己做心理暗示，帮自己喜欢上不同学科。这样，我们就可以轻松面对不同学科，喜欢它们，也能学好它们。

1.7　积木游戏：让自己持续增值的策略

人生没有捷径，如果非要说有，那么学习就是人生最好的"捷径"。终身学习不应该只是一种兴趣，更应该是一种让自己活得更好的策略。学习是给自己最好的一种投资，是让自己不断增值的最好方式之一。

持续不断地学习，仿佛是在玩一场搭积木游戏。

世界上的人有两种典型的活法：一种是搭积木游戏式的活法，另一种是抽积木游戏式的活法。搭积木游戏是把积木搭起来，看谁搭得稳、搭得高、搭得美观。抽积木游戏是把已经搭好的呈某种形态的积木依次抽出一块，谁抽出积木后积木塌了，就算谁输。

这两种积木游戏最后都是比输赢，但搭积木游戏玩到最后，即使输了，输家也搭出了一种属于自己的积木形态。抽积木游戏玩到最后，赢家虽然赢了，但积木整体形态已经改变，除了赢的感觉外，什么也没有剩下。

如果重复搭积木游戏多次，即使某人每次都输，每次也都能得到一种属于自己的积木形态，都有收获。如果重复抽积木游戏多次，不仅不存在永恒的赢家，而且不论重复游戏多少次，所有玩家最后也都没有剩下什么。

搭积木游戏的核心逻辑是积累，是做加法；抽积木游戏的核心逻辑是耗损，是做减法。选错了活法，人生注定会输。选择了搭积木游戏式的活法，就算输了一时，从长远来看，也不算输。选择了抽积木游戏式的活法，就算短期内会赢，最终也必然输，不存在永恒的赢家。

什么是搭积木游戏式的活法？比较典型的有如下几种。

（1）终身学习，不断构建健康成熟的心智模式。

（2）持续学习和深耕某领域，成为该领域的专家。

（3）不断深入研究某问题，成为解决该问题的专家。

什么是抽积木游戏式的活法？比较典型的有如下几种。

（1）每天只会打卡上班，单纯出卖自己的时间和劳动力。

（2）把大部分时间和精力投入休闲娱乐中，不思进取。

（3）不断换工作，尤其是经常变换自己所从事的专业领域。

正确的活法是让自己活在一个搭积木游戏中，而不要陷入抽积木游戏。

西蒙正是让自己活在一个搭积木游戏中。虽然看起来他学习研究的学科领域众多，但这些学科领域说到底都是人为划分的。其实西蒙毕生都在围绕一个问题展开研究——人类的大脑究竟是如何运转的。西蒙临终前都认为自己对这个问题的研究还远远不够。

科学界的巨人、文坛的巨匠、商界的精英正是因为心无旁骛、聚精会神，以终身之力去做好一件事，让自己处在搭积木游戏当中，才最终得以创造了历史。

西蒙学习法：
如何在短时间内快速学会新知识

零基础 3 周学会弹《致爱丽丝》，
钢琴学习中的西蒙学习法

　　西蒙学习法不能说是西蒙"发明的"，应该说是西蒙"总结发现"并亲身应用证明是有效的。西蒙学习法的逻辑经常出现在日常学习、工作、生活等不同场景下，可见学习的方法总是大同小异的。

　　魔术师刘谦曾在某视频网站上发布过一个展示自己如何 3 周学会弹奏贝多芬钢琴曲《致爱丽丝》的视频。视频中，他娴熟地弹奏着钢琴，非常动听。非专业人士听起来，会觉得他应该至少有几年的钢琴基础。

　　实际上，刘谦在学会弹这首钢琴曲之前，是零基础的。他完全不懂钢琴，连乐谱都看不懂。直到他可以完整顺畅地演奏贝多芬的《致爱丽丝》，他还是看不懂乐谱，甚至不知道钢琴上的每个琴键代表什么意思。

　　刘谦说，他的这套学习方法也许不会得到正统的钢琴教学老师的赞同，却是一种学习的"捷径"。走这条捷径，人们可能就会有学习的兴趣。如果学习一样东西，动辄就要以年为单位才能获得成果，很多人会因此望而却步，失去学习兴趣。如果能在短时间内取得某种自己可以接受的阶段性成果，必然会大大提高人们的学习兴趣，激发学习动力。这对应着有效学习公式中"积极的学习动机"。

刘谦具体是怎么做的呢？

第 1 步，设定目标。

在钢琴学习方面，刘谦期望在最短的时间内，弹出一首像样的曲子。因此刘谦给自己设定的具体目标是：在 3 周之内能够完整弹奏贝多芬的《致爱丽丝》。

刘谦强调目标的制定要符合 "SMART" 原则。例如，"3 周之内会弹钢琴" 或 "3 周之内会变魔术" 就不是一个好的目标。因为什么叫 "会弹钢琴"？什么叫 "会变魔术"？这些目标不够具体，也无法衡量。

他认为目标可以设定得有一定难度，但不能太难。例如 "3 周之内，完整弹奏出李斯特的《钟》" 或 "3 周之内，完整弹奏出肖邦的《二十四首练习曲》"，也许可以做到，但不一定会收获比较好的结果。

第 2 步，拆解。

拆解的意思是，要达到这个目标，有些东西是不需要知道的。根据幂次法则（80—20 法则），任何事物，只有 20% 是重要的。要实现 "3 周内完整弹奏《致爱丽丝》" 这个目标，真正重要的那 20% 是什么呢？

（1）认识钢琴琴键的分组。刘谦说直到学会这首曲子时，他依然不知道每个琴键代表什么音符，或有什么含义，他只是记住了琴键的排布结构。这是为了最小化自己达到目标所需要学习的知识。

（2）明确动作，即知道弹奏《致爱丽丝》时，手分别该按哪些琴键。刘谦在互联网上找了弹奏《致爱丽丝》的视频，他没有找那种教别人如何识谱的视频，而是专门找那种教别人该如何按琴键的视频。实际上刘谦是直接学习弹奏《致爱丽丝》时手指的具体动作。

（3）分段学习。《致爱丽丝》这首曲子有 5 段。第 1 段、第 3

段和第 5 段是相同的。也就是说，只需要学会第 1 段，就已经学会了这首曲子的五分之三。鉴于第 1 段的重要性，后续练习时可以多花些时间在第 1 段上。

（4）难点击破。第 2 段和第 4 段中都有比较难弹奏的段落，包含比较难的技法（三十二分音符和琶音）。这些段落要单独拿出来重点练习。

第 3 步，练习。

无意义的重复是无效的练习，得不到想要的效果。练习不能漫无目的，要精准地、有计划地练习。刘谦的做法是连续 3 周，每天雷打不动地练习 1 个小时。

刘谦说他经过 3 周的练习学会了弹奏这首曲子，在之后的 2 个月的时间里，他也会经常弹奏这首曲子来防止自己忘记。但在弹奏效果上没有任何提高，因为他没有进行针对性的练习，只是漫无目的地简单重复。

第 1 周，刘谦集中练习手指按琴键的动作。从第 2 周开始，他开始集中练习第 2 段和第 4 段中比较难弹奏的段落。到了第 3 周，他试着完整地把整首曲子慢慢地弹出来。最终，他能够完整、熟练地弹奏整首曲子。

也许有人认为刘谦能自学钢琴弹奏成功，是因为他很聪明，底子好，学什么都快。但其实学习的关键并不在于聪明。一位文化水平不高、没有任何钢琴基础的 50 多岁的保洁阿姨同样可以成功自学钢琴弹奏，这位保洁阿姨叫邢国芹。

邢国芹是辽宁锦州人，40 多岁时和丈夫一起来北京务工，一开始在一家超市工作，后来成为一名保洁员，服务于清华大学艺术教育中心。

邢国芹在没有任何音乐基础，不认识乐谱，没有接受过任何专业学习，没有任何人指导的情况下，利用下班后的业余时间，用清华大学艺术教育中心闲置的老旧钢琴练习，完整弹奏出了《我的中国心》。

因为资源和认知限制，她学习弹奏钢琴的过程比刘谦更难。虽然学习过程更加曲折，但他们的学习方法却大同小异。

第1步，设定目标。

邢国芹设定的目标是完整演奏《我的中国心》，因为她喜欢这首歌。她没有像刘谦那样设定在具体多长时间内学会，只是想尝试一下。

第2步，拆解。

没有音乐基础，又看不懂乐谱，如何能学会呢？她没有像刘谦那样上网找专门教钢琴弹奏指法的视频，而是用了一种很"笨"的方法——试。

她说第一次按钢琴的琴键时，才发现钢琴琴键的排布规律和自己上学时音乐老师用的脚踏风琴的一样。她朝一个方向逐个按琴键，就能出现哆（do）、来（re）、咪（mi）、发（fa）、唆（sol）、拉（la）、西（si）不同音调的声音。

她靠一边哼着音乐，一边用手指逐个按钢琴琴键让其发出声音的方式来匹配曲调和琴键。通过不断尝试、反复摸索，她硬是用这种方式把整首曲子曲调对应的琴键给找了出来。

这种独特的拆解方法在普通人看来很不可思议，她却用得越来越熟练。后来，她大约用1个小时就能大概找出一首曲子对应的全部琴键，比较难的曲子，大约用3个小时她也能找得比较准。

遇到某些比较难、找不着曲调的新歌，她就弹奏一首自己比较熟悉的曲子找感觉，以调整状态，状态调整好后再重新找。这样反复尝试，总能试出来。

在笔者看来，这种方法虽然有些"笨"，但也有好处。一来可以将其作为熟悉钢琴和增强乐感的过程；二来这种自己一点点摸索出来的方式，会让自己更容易记住。

站在专业人士的角度，刑国芹试出来的结果和乐谱相比，差异是比较大的。但对于非专业人士来说，这已经足够了，至少大多数听众听完后都认为她弹奏的旋律是优美悦耳的。

第 3 步，练习。

邢国芹说自己完全不懂乐理，也不知道弹奏曲子有什么规律可循，找好一首曲子对应的琴键之后，她做的就只是不断练习，让自己不断熟练，直到产生肌肉记忆。

她利用下班的时间来练习。她每天下午 5 点下班，下班后大约练习 1 个小时，每周练习 3~4 天。

邢国芹说："要趁着年轻把想学的东西学了，不要等老了留下遗憾。"

刘谦和邢国芹的学习方法与西蒙学习法不谋而合，这也验证了西蒙学习法公式的有效性。

西蒙学习法 = 积极的学习动机 ×（选择学习领域 + 设定学习目标 + 拆分学习内容 + 集中精力学习）× 必要的时间投入。

用西蒙学习法拆解公务员考试备考环节

　　亲爱的读者，如果你想看完本书后，不需要长时间学习就能取得很多很棒的学习成果，那就错了。持有这种走捷径的心态，是很难取得学习成果的。本书确实包含大量提高学习效率的工具和方法，但这并不能代替学习行为本身。

　　拿化学反应举例，本书就像是化学反应中的催化剂，物质 A 和物质 B 放在一起后，本来反应速度较慢，加入催化剂 C 后，能够更快速地形成物质 D。

　　A 就像是有学习需求的人，B 就像是待学习的知识内容，C 就像是本书介绍的西蒙学习法，D 就像是学会 B 这一知识内容后，取得学习成果的 A，也就是 A 期望自己学成后的样子。

　　催化剂 C 发挥作用的前提，是 A 和 B 先要放在一起，而且要有足够的时间，足够的接触与融合。如果 A 只是有学习的期望和需求，但平时很少接触 B，就算催化剂 C 再有效，也很难促成反应的发生。

　　就算是在学术科研领域取得众多丰硕成果的西蒙本人，也是一直把自己的时间用在学习上，才有了这些成果。

　　下面是一个公务员考试备考案例，来自知乎网友"曹骏"，他分享了自己公务员考试的备考经验。

1. 选择

曹骏在大学还没有毕业的时候，确定了自己想要参加公务员考试的目标。曹骏研究了公务员考试的岗位分类，并选定了适合自己的目标岗位。

2. 目标

曹骏的目标是用 3 个月左右的时间准备公务员考试，并最终通过考试。但在这期间曹骏还没有毕业，所以在备考期间，他需要一边学习公务员考试的相关知识，一边准备毕业论文。

3. 拆分

曹骏将整个公务员考试的备考环节分成 4 个阶段。

第 1 阶段，半个月，打下基础。

这个阶段主要是了解题型和看书，从整体上对公务员考试的相关内容有基础的了解，初步掌握解题方法，为接下来的学习打下基础。

第 2 阶段，1 个月，深入学习。

这个阶段是对知识进行深入学习，主要的学习方式是看考试的辅导视频、记笔记。经过第 1 阶段的学习，曹骏已经对公务员考试有了整体认识，也有了自己的想法并总结了一些疑难问题。带着想法和问题去学习，学习兴趣更浓厚，效果更好。

第 3 阶段，1 个月，大量做题。

完成前两个阶段的学习，接下来就可以做题了。真题的优先级大于模拟题。通过多做近几年的真题，站在出题人的角度思考，摸索出题思路，曹骏发现虽然每年的考点不同，但出题思路是大致相同的。

这个阶段每天要保证做 200 道以上的行政能力测试真题，做 10 道以上的申论真题。对错题要重点研究，不能错了就放在一边不管不问，要分析自己做错的原因，例如是知识点没有掌握，还是粗心大意。

如果是知识点没有掌握，就再从整体上掌握这部分知识点，而且要多做几遍类似的题目，确认自己已经掌握；如果是粗心大意，也不要觉得没关系，粗心大意的本质很可能是知识点没学会或不够熟悉。

第4阶段，半个月，冲刺。

这个阶段火力全开地冲刺，不仅要看网课，还要继续做题。看网课主要是看与考点相关的内容，提前过一遍考试重点，做到心中有数。做题是为了让自己对考试题目更熟悉，让自己尽可能在考试要求的时间内答完所有题目。

4. 集中

学习有方法、有技巧，但并不存在不需要付出努力和时间就能速成的办法。

曹骏认为，到最后，公务员考试考的是谁的底子厚，谁有真才实学。如果只是短时间做题突击，也许对应试有一定的帮助，但地基没打牢，终归是空中楼阁，经不起检验。

曹骏坦言学习这件事没有捷径可走，不要期待有什么神乎其神的解题方法，知识需要自己经过一点一滴持续学习后积累和沉淀下来。所以，定好目标后，就要踏踏实实地学习，做到厚积薄发，学得扎实。

5. 技巧

当然，公务员考试的备考并不是没有技巧可言。在整个备考过程中，曹骏发现了一个做行政能力测试题的小技巧——答题的时候可以按照"言语—判断—资料—数量—常识"的顺序去完成。常识题一般在行政能力测试题的最前面，但这部分内容主要考查的是考生的知识储备。对于这部分内容，考生难免会有盲区，遇到不知道的题目，可能会纠结很久，这样不仅占用时间，而且可能影响接下来的答题状态。这就需要合理分配时间，保证重点题目的解题时间与质量。

最终，曹骏通过了公务员考试，成绩是：行政能力测试71.9分，申论76.5分，笔试成绩第一；面试成绩87分，也是第一。

曹骏备考并通过公务员考试遵循的正是西蒙学习法的基本步骤：拥有学习动机后，选择学习领域，设定学习目标，拆分学习内容，集中精力学习，并保证必要的时间投入，最终取得学习成果。

2

选择：
用有限的时间学该学的

第2章

歌德曾说："一个人不能同时骑两匹马。"人的时间有限，不可能什么都学。在有限的时间里，应该学什么，不需要学什么，是需要选择的。选择学习领域听起来简单，其实不然，正确的选择需要制定策略，如以什么样的标准选择，用什么方法科学地选择。

2.1　选对方向：西蒙是如何做选择的

西蒙研究这么多学科领域，是不是"东一榔头西一棒子"？

西蒙研究的领域虽然看起来很多，而且跨度很大，但其实是有清晰的主线和发展脉络的。这是他随着科技和时代的发展，主动选择的结果。

概括来说，西蒙一生在做的，就是用科学的、量化的方法来研究人的思维和行为。不论是公共行政管理、经济学、管理学、心理学、计算机科学，还是后来的人工智能，都没有离开过这条主线。他在不同学科间的发展脉络，也是围绕着这条主线的。

他最早的研究方向是公共行政管理，研究行政官员们如何做出最佳的行政管理决策。可是进行了一段时间的研究后，西蒙发现这个领域和自己原本想象的是有差距的。当时很多的相关研究都存在一定的不足，而且研究水平尚待提高。这恰恰给了西蒙机会，因为西蒙具备数学、统计学和经济学的扎实功底，这让他在这个领域取得了不少研究成果。

后来，西蒙开始研究经济学和管理学的相关内容，并提出了"有限理性"理论。他认为人都是"有限理性"的。传统的经济学把人看作"理性人"，也就是人会为了自身利益的最大化做出行为。所以从传统经济学看来，只要预设出某种条件，就能预知人的行为。

如今大家已经越来越清楚人"非理性"的一面。假如每个人都是全知全能，拥有无限知识、无尽资源和无敌的推理能力，那么确实可以说人是理性的，但事实显然并非如此，所以人们无法追求"最优"的选择，只能追求"最令人满意"的选择。

"理性人"就像是物理考试题中的"理想环境"。在"理想环境"下，空气可以是没有阻力的，物体之间可以是没有摩擦力的。但在现实世界中，显然是不存在这种"理想环境"的。现实世界也许可以无限接近"理想环境"，就像人也许可以无限接近"理性人"，但实际并不存在。

后来，西蒙基于"有限理性"理论，提出了"组织决策"理论。这套理论已经"破圈"，不仅适用于公共行政管理领域，也适用于其他领域。西蒙因此获得了诺贝尔经济学奖。

在诺贝尔经济学奖的颁奖典礼上，评委们惊奇地发现西蒙当时的学术研究重点已经不在经济学和管理学领域了，而是转向了人工智能。西蒙在经济学和管理学领域有所建树之后，就把研究重心放到了人类是如何解决问题的这一问题之上，一直在尝试找到人类大脑运转的机理。

从"有限理性"理论开始，西蒙就一直在做一些"非主流"的科学研究。"有限理性"理论在当时已经和经济学家们的主流研究有所不同，对当时已经存在的经济学学术研究提出了挑战。在认知心理学领域，他的研究是打破心理学和逻辑学的界线，试图用某种客观清晰的逻辑来解释人的心理，当时这两大学科的多数学者都认为无法做到。

西蒙坚信人脑处理问题一定存在某种规律，心理学研究没有找到这种规律是一种遗憾，也是一个机会。但西蒙在这个领域的研究也一直没有取得特别满意的成果。

随着计算机技术的发展，西蒙敏锐地感觉到这是自己研究的突破口。西蒙认为计算机不仅可以用来做数字运算，还可以用来模拟人类的思维。

之后西蒙和同事研发了一款叫作"逻辑理论家"的计算机程序，其是世界上最早解决非数字问题的计算机程序。后来他还和同事一起开发了世界上第 1 款用来设计人工智能程序的语言，开启了世界上最早的人工智能领域的研究。

计算机科学领域和心理学领域的研究让西蒙的研究范围进一步扩大。他不仅用计算机模拟人脑的思考方式，让计算机变得更智能，而且反过来借助人工智能的研究来发现人类思考问题的规律。

西蒙的选择不是盲目的，他有自己的独立思考。西蒙的研究在不同学科领域之间的变化，都是为了解决主线问题。学习不应该当下什么热门就学什么，不能听别人说什么好就学什么，而应该有自己的判断，明确该知识和自己的愿景、使命或目标有关，再去学习。

西蒙认为，做出有效的选择决策有 3 个关键点。

（1）做选择决策前，要从全局的角度来看待所有备选方案。

（2）考虑每个选择决策可能导致的全部结果。

（3）将价值系统作为从所有备选方案中选出一个最佳方案的准则。

2.2　意义优先：成功者的思维方式

有一次笔者和朋友吃饭，笔者的一位朋友问桌上所有人："如果你们去山上砍树，山上一共有两棵树，一棵树是粗的，另一棵树是细的。你们只能选择砍其中一棵，你们会选哪一棵？"

问题一出，大家有些不解，有人说："当然是砍那棵粗的树了，这还用问？"

朋友笑了笑，说："如果粗的那棵是普通的杨树，不值钱；而细的那棵却是红松，你们会砍哪一棵呢？"

大家想了想，红松比较珍贵，就说："那就砍红松吧，因为杨树不值钱！"

他脸上带着不变的微笑看着大家，再问："那如果那棵杨树是笔直的，而那棵红松却歪七扭八不成样子，这时候你们会砍哪一棵？"

大家越来越疑惑，有人说："如果这样的话，还是砍杨树吧。红松弯弯曲曲的，什么都做不了呀！"有人说："还是应该砍红松，即便红松再弯曲，价值还在，可以做成一些小工艺品。"

他目光闪烁，大家已经猜到他又要加条件了。果然，他又说："杨树虽然笔直，可因为年份太久，中间已经空了。这时你们会砍哪一棵？"

虽然搞不懂他葫芦里卖的什么药，大家还是从他所给的条件出发，说："那看来还是要砍红松了，杨树中间都空了，没有用！"

他紧接着问："可是红松虽然不是中空的，但因为它扭曲得太厉害，砍起来非常困难，你们会砍哪一棵？"

终于有人忍不住了，问："你葫芦里到底卖的什么药？你要加什么条件能不能一次加完？"

他收起笑容，说："你们怎么就没有一个人问我，到底砍树是为了什么呢？虽然我的条件不断增加，可是最终结果取决于最初的动机。如果想要取柴生火，就砍杨树；如果想做工艺品，就砍红松。你们当然不会无缘无故提着斧头上山砍树呀！"

知道"怎么做"，是第 2 步，知道"为什么"，才是第 1 步。

为什么，不仅是掌握知识的关键，也是人类行为的核心。这个思维其实是西蒙·斯涅克（Simon Sinek）提出的"黄金圈法则"，如图 2-1 所示。

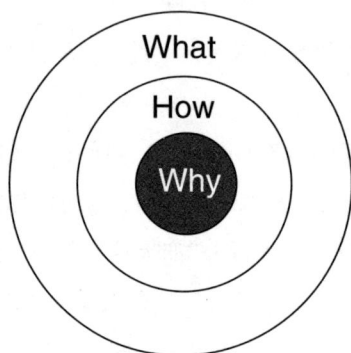

图 2-1　黄金圈法则

大部分人的思考方式、行动方式、交流方式都是由外向内的，即 What—How—Why。而许多成功的领袖或管理者的思考方式、行动方式和交流方式是从内向外的，即 Why —How—What。

例如，很多电脑公司说服客户购买自己产品的时候是这样说的："我们生产电脑。它们性能卓越，使用便利。快来买一台吧！"而苹果公司传递信息的顺序恰恰相反："我们永远追求打破现状和思维定式，永远寻找全新的角度。"其逻辑是我们会设计出性能卓越、使用便利的产品。电脑是我们生产的产品的一种，你想要买一台吗？

这个思维的真相在于：要想最大程度地影响他人，最关键的不在于传递"是什么"的信息，而在于给出"为什么"的理由。

在学校的课业学习上，这种思维也非常重要。一些同学知道某些题该怎么做，但题型稍微变换一下，就不会做了。也就是俗称的"一看就会，一做就废"。

这是因为他知道怎么做，这只是抓住了表象，要知道为什么这么做，才是抓住了本质。只有知道为什么这么做，才是真正地掌握了知识，才能举一反三。这个时候就算题目的形式不断变化，这些同学依然能够抓住内核知识。

学习的关键是学会"为什么"，而不仅是学会"怎么做"或"是什么"。

外行看热闹，内行看门道，说的就是外行或功力浅的人，只能看到事物的表面，而内行或有一定功力的人能透过现象看到本质。"高手"不仅能全面地看到表象，还能掌握方法，更能参悟到背后的根本原因，然后把"由外向内"的思考方式转为"由内向外"。以"为什么"为始，以"怎么做"为桥梁，以"做什么"为终。

宾夕法尼亚大学沃顿商学院曾做过一项实验，让大学呼叫中心的员工给校友打电话进行募捐。

这些员工被随机分为3组：第1组，让员工了解从事这份工作能得到的好处，如沟通能力、销售技能等可以得到有效提高；第2组，告知员工之前接受过捐助的学生的经历，让他们知道这些捐助对受捐的学生的价值；第3组，让员工知道如何打电话请求校友捐款。

一个月后，研究人员发现第1组和第3组在实验开始后从校友那里募捐到的金额与从前几乎一样；但是第二组，也就是被告知之前接受过捐助的学生的经历，知道了这些捐助对受捐学生的价值的一组，他们募捐到的金额比从前多一倍以上。

理解了做某件事的价值，会让人们产生强烈的意义感和使命感。也就是说，了解"为什么做"，可以有效地激励人们通过行动去获取更好的结果。

读书和学习本身不关键，关键是读书和学习之后要做什么。

西蒙读书学习，是为了研究清楚自己感兴趣的科学难题。

为了开阔眼界，为了变得更博学，为了让自己获得更好的生活，还是为了实现某个理想。是什么不关键，关键是明确为什么读书和学习。

2.3　价值导向：如何识别知识质量

笔者有个做人力资源管理工作的同事，在职业发展遇到瓶颈后，她认为自己应该加强学习，于是在互联网上到处找相关课程。

她先是认为人力资源管理和心理学有关，于是开始学习心理学知识。

后来发现这不够，她认为人力资源管理和经济学也有关，于是又学习经济学知识。

再后来发现还是不够，觉得人力资源管理和社会学也有关，于是又学习社会学知识。

她前后通过互联网学了很多课程，却发现这些课程并没有帮到自己，职业发展依然存在瓶颈。

随着人们学得越来越多，关于学习的问题也逐渐出现：为什么学了那么多却没用？什么是最值得学的高价值知识？如何区分优质知识？如何更高效地学习成长？

互联网时代的人一定要具备一种能力——识别知识质量的能力。所谓识别知识质量，就是识别出当前的知识对自己是有利的，还是有害的；识别出哪些知识的价值高，哪些知识的价值低。

西蒙学习法：
如何在短时间内快速学会新知识

笔者曾经帮朋友做面试指导，让他顺利拿到了某世界 500 强公司总监岗位的 offer。他非常感谢我，说如果不是我提前指导，让他知道"面试套路"，凭他的资历和本事根本比不过竞争者。我都告诉他什么了？主要告诉了他以下 3 点。

（1）面试要讲价值结果，不要讲岗位职责。

例如，面对第一个常规问题自我介绍的时候，与其说"我曾经负责……平时的工作内容是……"不如说"我曾经 1 年谈了 3 个项目，帮公司比当年预期多赚了 1 亿元"。这样说不仅听起来更有价值感，而且能引导面试官进一步提问。面试官下一个问题大概率会问："你是怎么做到的？"这时候就可以把自己提前准备的内容说一下，达到掌控面试的效果。

（2）讲自己的故事时，按照"情境—预期—挫折—行动—结果"的顺序描述，挫折和行动的描述最重要。

例如回答上一个问题——"你是怎么做到的？"我们可以先说当时的情境和原本的预期，重点说遇到的挫折及采取的行动，这样能充分体现出自己在整件事情中的价值。最好再加几个精彩的反转，最后说结果，这样能体现自己处理异常状况的能力。

（3）主动提问，给面试官留下好印象。

在对公司提问的环节，可以问"假如我通过面试，公司期望我最先完成的 3 项任务是什么？"这样既能给面试官留下好印象，体现自己的积极主动，又能引导面试官说出对这个岗位的期待。我们可以据此判断自己究竟能不能胜任该岗位的工作，如果真的顺利入职，还能便于自己为"新官上任三把火"做筹划。

笔者的这位朋友虽然已经掌握了很多专业知识，但之前没有掌握笔者告诉他的这些知识。很多人可能会认为笔者说的这些知识不过是些"面试套路",实际上并不是。笔者提供的这些知识背后,是很多人不具备的思考模式。

很多人就算知道了这些知识,也总结不出来自己的价值究竟在哪里。还有些人就算不知道这些知识,也能在面试时按照自己的理解以这种思考模式作答。这种知识其实并不是"套路",而是一种更高质量的知识。

在商业世界里,按照价值高低和具象程度,知识大致可以分成4类,分别是将领知识、商人知识、工匠知识和学院知识,如图2-2所示。

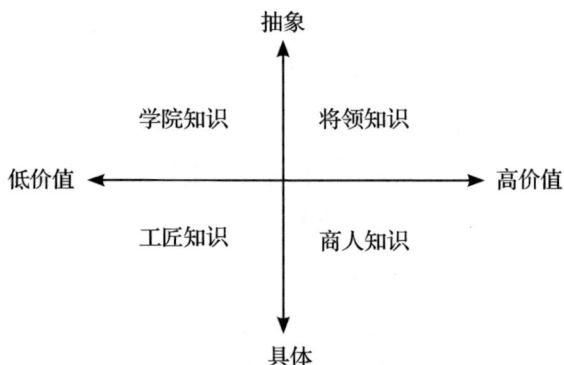

图 2-2　知识的 4 种分类

1. 将领知识

将领知识是指通过借助别人的力量来帮助自己达到目标的知识。这类知识中比较典型的是领导力知识。将领知识是高价值知识,表现形式通常比较抽象,通常需要人有一定的悟性,灵活性比较大。要学会将领知识,需要有比较强的独立思考能力。

　西蒙学习法:
如何在短时间内快速学会新知识

2. 商人知识

商人知识是指通过商业活动实现价值的知识。这类知识中比较典型的是经营管理知识。商人知识是高价值知识，表现形式通常比较具体，相对比较容易被总结成工具和方法论，应用时同样需要使用者具备一定的灵活性。

3. 学院知识

学院知识是指某种抽象理论或原理。这类知识中比较典型的是学科基础知识。在商业世界，相比于将领知识和商人知识，学院知识的价值相对较低。学院知识多是概念的总结，应用时也需要使用者具备一定的确定性。

4. 工匠知识

工匠知识是指完成某件具体事情的知识。这类知识中比较典型的是厨艺知识。相比于前两种知识，工匠知识的价值相对较低，表现形式通常比较具体，相对比较容易被总结成工具和方法论，应用时需要使用者具备一定的确定性。

笔者教朋友的面试技巧，实际上是一种商人知识。这里面有两层表现：第1层表现是作为一个员工，表现自己如何为企业创造价值，都创造了哪些价值；第2层表现是作为一个求职者来推销自己。如果有人没有想过这类问题，那么说明他之前从来没了解过这类知识。

想要创造价值，就需要培养创造价值的能力，培养创造价值的能力需要掌握对应的知识。要想让自己创造价值，就要根据自己当前掌握的知识，根据自身情况，有侧重地学习更高价值的知识。这里需要注意以下3点。

（1）这里讲的学院知识价值相对较低，绝不是对学校学科教育知识的否定或贬低，相反地，学科基础知识是人们踏入社会的基础，能培养人的学习能力，是学习一切知识的基础。

（2）这里讲的工匠知识价值比较低，只是相对于将领知识和商人知识而言商业价值较低，并非没有价值，绝非一无是处。很多情况下，工匠知识是将领知识和商人知识的基础。

（3）为避免存在短板，将领知识、商人知识、学院知识和工匠知识都应当有一定程度的掌握。这将有助于养成分辨这 4 类知识的能力。

2.4　淘金法则：瞎学与不学一样没效果

淘金是指淘金者通过捞起河水或湖水中的淤泥或沙土，用一种叫淘盘的工具，将低价值的泥沙淘掉，从而获得金沙或小金块的过程。随着知识付费的崛起，互联网上知识泛滥，内容质量良莠不齐，但人的时间是有限且宝贵的，这就让互联网时代的学习也要像淘金一样，要学习那些真正有价值的知识。

打开微信公众号的订阅号消息，有多少个公众号你已经超过半年没看过一次了？打开购买的线上课程，有多少课程是你学了一点儿就放弃或从来没有学习过的？打开微信，有多少学习成长社群是虽然加入了但很少打开的？

在这个信息爆炸的时代，学习内容如潮水一般涌来。当潮水退去，你会发现裸泳的就是那些不加筛选就接收这些学习内容的人。唾手可得的像快餐一样的学习内容，不仅不利于人们学到知识，反而会干扰人们专注于真正的学习，陷入低质量学习的陷阱。

每次聚会见到朋友 A，他都会表达他的焦虑。经过笔者的一番劝说，他重新燃起了满满的斗志，但回去后依然把自己所有的时间给了游戏、影视剧、综艺……下次见面，他又重复表达他的焦虑。久而久之，笔者也不再管他，由他去吧。

最近聚会见到朋友 B，他也开始表达他的焦虑。笔者很好奇，B 和 A 完全不同，A 只会吃喝玩乐，而 B 购买了一大堆线上课程。B 明明是个非常爱学习的人，把大部分时间都用在了线上课程上，为什么还会焦虑呢？

原来是因为他上了甲的课以后，自身状况没有改变；上了乙的课之后，自身状况也没有改变。刚开始学的第 1 年没有改变，到第 2 年的时候还没有改变。学了一圈下来，他不知道自己应该再学点什么，也不知道自己该向谁学习。

如今知识产品市场上的内容太多了。在这样的市场环境下，学太多和不学习的结果可能是一样的。因为焦虑产生学习意愿，焦虑却不会因为学习而得到缓解，反而可能让人越来越焦虑。

知识多了之后，就像是戴两只显示着不同时间的手表，不知道哪一只是正确的。

市场上讲时间管理的"大咖"有多少？讲怎么带团队的"大咖"又有多少？答案是不计其数。很多领域都是一堆"大咖"在分享自己的知识和经验。

为什么有这么多"大咖"？因为"大咖"的准入门槛太低了，拍一张职业照，做一张海报，配一些文案，很多人都能变成"大咖"。一堆人在以"大咖"的姿态讲课，"小白"都不够用了。

当真到了要解决具体问题的时候选谁的课？真是为难了"小白"们，比来比去，不知道该选哪一个。

有的"小白"一咬牙都买了，却发现这些"大咖"竟然在一些关键问题上观点不一致。例如，有人认为只有一线城市才有发展潜力，但有人认为二线城市的性价比最高，还有人认为新农村建设是未来的重点发展方向。该信谁呢？都是"大咖"，而且听起来都很厉害。

本来，很多课程的内容既不是1+1=2，也不是非黑即白的公理，"大咖"们的观点都能在各自的条件下成立，没有什么对错。

1. 向"头部"学习

如果想学习写作，是向获得各类文学奖的作家学习更好，还是向自媒体文章写作者学习更好呢？当然是向获奖作家学习更好。如果想提高考试成绩，是向每次都考全校第一的"学霸"学习更好，还是向成绩中等的学生学习更好呢？当然是向每次都考全校第一的"学霸"学习更好。

2. 向有丰富经验的人学习

如果想创业，是向企业家学习更好，还是向职业讲师学习更好呢？当然是向企业家学习更好。如果想学习某门技术，是向拥有10年经验的老师傅学习更好，还是向只有3年经验的人学习更好呢？当然是向拥有10年经验的老师傅学习更好。

3. 向有成果的人学习

如果想买股票，是向巴菲特学习更好，还是向某个股票类自媒体运营者学习更好呢？当然是向巴菲特学习更好。如果搞科研，是向有科研成果的专家学习更好，还是向本专业的师哥师姐学习更好？当然是向有科研成果的专家学习更好。

学习前，一定要筛选学习内容，不要被营销包装迷惑。要向"头部"学习，向有丰富经验的人学习，向有成果的人学习。优先读这类人写的书，听这类人讲的课。

西蒙学习法：
如何在短时间内快速学会新知识

2.5　知识判断：避免产生学到了的错觉

很多工作后的成年人会疑惑：自己定期报名参加各种培训班，每天也会在各种学习类 App 上认真学习，可为什么自己没有任何提高呢？

许多人每天花大量时间在微信朋友圈、公众号、微博等网络世界里找各式各样的最新资讯、最火热评、最流行文章。一旦从繁忙的工作中抽身出来，就忍不住拿起手机开始寻找。

他们每天都沉浸在"啊！又学到了新知识！又得到了新想法"的喜悦和满足中。当有人质疑为什么要花那么多时间在手机上时，他们会告诉别人：我这叫"碎片化学习"。

每天花那么多时间去读各种新知或新闻，到底有没有用？俗语说，知识改变命运。可是，这种通过看自媒体得来的知识要怎么改变命运呢？

今天有人利用碎片时间"高效"地看了 10 多条新闻、翻了五六篇有干货的文章、再"灌"了几篇"鸡汤"文，以为自己对这个世界有了不一样的理解。但这又能怎么样？

知道了如何提高写作水平，就能变成作家吗？知道了蜗牛如何交配，就能变成动物学家吗？知道了某种疾病的可怕且无法预测，就能成为医生吗？

前文已经说过，学习既不是简单的记忆，也不是信息的存储。实际上，就算想要存储信息，也很难实现。

在这个信息爆炸的时代，对于信息的存储，电脑早就已经远超人类，为什么还要依靠人脑呢？

过去那些懂得很多知识的"博学家"们在现代社会已经渐渐不复

存在，即便存在，他们也比不过强大的网络搜索引擎、大数据存储及云计算技术。人脑本可以用于开发和创新诸多有创造性、有价值的东西，又何必傻傻地只把它当成一个大容量硬盘来用呢？

事实是，对于那些曾经让我们感觉自己仿佛能体会到宇宙奥义的新知我们很难记住。不信你可以打开自己的收藏夹，看一看之前收藏的文章有多少是只看标题能想起内容的，又有多少是只看标题会产生"我竟然收藏过这个"的感觉的。

为什么会忘记？因为碎片化信息是"自媒体快餐"，它们就像垃圾食品一样来得快去得快，除了留给我们一身"肥肉"，不会有太多的营养。这种信息在传播时，为了让大众容易接受，通常会删减掉复杂的内容，因此传递的往往是庞大知识体系的冰山一角。

退一步讲，假设有人有过目不忘的本领，看到的知识全都记得住。然后呢？

学习开车时，能通过记住开车的所有知识而不碰车就学会开车吗？学习游泳时，能通过记住游泳的所有知识而不下水就学会游泳吗？知识本身改变不了命运，能改变命运的，是对知识运用的能力，以及在正确的时间、地点，运用这些能力后达到的结果。

对知识的深度思考和应用是一件很难的事，也是一件需要时间和空间、碎片和体系共同作用的事，它远远比迅速点开一个标题好玩、内容空洞的文章难得多。

人们不断地从网络"爆文"中获得新观念时，会感到很兴奋，仿佛世间一切事物都被自己了解。但真要把这些新知识、新观念转化为能力的提升并落到实处，需要一段相当漫长的时间。在这段时间里，人们不会产生瞬间获得的快感，而是要经历一个艰难攀登的过程。

人们要忍受自己刚开车时的手忙脚乱，才有可能如老司机般驾

西蒙学习法：
如何在短时间内快速学会新知识

轻就熟。人们要忍受自己下水之后呛几口水，才有可能如鱼儿般悠然戏水。

一些人忍受不了这种漫长的攀登过程，就会下意识地寻求新知给自己带来的快感，于是继续疯狂地"刷干货"。时间一长，就会发现自己的眼界似乎变得越来越高，格局越来越大，脖子越来越长，但是手脚却越来越笨，渐渐地成为一只患上"知识瘫痪"病的"长颈鹿"。

这些"长颈鹿"们总喜欢以"学习"为借口，花费自己大量时间在自媒体的大海中游泳。他们没有越学习越充满智慧，反而越学习越无能。

一位从清华大学毕业的"学霸"曾说，互联网时代的"知识型IP"最终给人们带来的只是"爽"的感觉，给消费者营造了"我学到了知识"的感觉。基于这种提供"爽"感的目的而产生的"知识"可以批量生产、快速分发、规模收割。

其实，各种自媒体"牛人"所谓的"知识变现"，归根结底是一种"感觉变现""体验经济""情感营销"。多数情况下，它和我们真正想要的、真正能够帮助我们解决问题的"知识"没有什么关系。

我们真正需要的知识，需要通过不断地艰难攀登来获取；我们真正需要的能力，需要通过不断地实践来锤炼；我们真正需要的经验，需要时间来检验。

那么，如何有效避免产生学到了的错觉呢？

行动学习理论认为，人要掌握一门技能，需要用 10% 的时间学习知识和信息，用 70% 的时间练习和实践，还要用 20% 的时间与人沟通和讨论。这个原则被称为"721 法则"。

如果听到了自己原来不知道的知识内容，不要觉得自己学会了，这最多只是接收信息。这时候还缺少练习和探讨。

对于学生来说，每天上课的听讲学习对接收信息非常有用，而剩下的练习和讨论，往往需要在课后完成。

上学的时候，很多人会疑惑，某"学霸"平时也不怎么学习，为什么一到考试就能考得很好呢？其实人们看到"学霸"时，"学霸"大多是在学校和大家一起接收信息。没有看到"学霸"时，"学霸"是如何进行练习的，和谁做题目讨论的，人们并不知情。

人们看到"学霸"的时间，对学习效果的影响可能只有 10%，没有看到"学霸"的时间，对学习效果的影响可以达到 90%。

对于成年人来说，单纯地读书并不代表学习。

美国著名的教育家、心理学家约翰·杜威（John Dewey）提出过一个"做中学"原则。他认为有效的学习应该是理论与实践相结合，在行动中学习，达到知行统一的状态。西蒙的老朋友，中国科学院心理研究所的研究员朱新明教授也有类似的研究结论。

在制订针对学习目标的学习计划时，不能简单地将其确定为用多长时间看完多少书，看完书不代表学会，而应当按照"721 法则"更全面地制订学习计划。

2.6　名师指路：跟对了人少走弯路

如果我们问自己，我是个骄傲的人吗？

绝大多数人的回答会是自己不是骄傲的人。许多人只有在自己做出跟童话故事龟兔赛跑中兔子一样离谱行为的时候，才会意识到自己的骄傲。

如果我们再问自己，我有导师吗？

不是那种大学里为了完成毕业论文必须要选择的老师或教授，不

西蒙学习法：
如何在短时间内快速学会新知识

是那种教我们如何追韩剧、逛淘宝、选衣服的时尚"达人"，也不是那种教我们一些生活常识的生活专家，而是在某个领域具有前瞻性，能启迪我们的智慧，可以督促、引导、帮助我们在相应人生阶段少走弯路，加速取得相应成就的人。

有吗？

如果没有，那么这里其实有一句潜台词：在我的那个领域，我已经是最厉害的人了，我已经不需要任何人的指导了。

这，难道不是一种隐性的骄傲吗？

海德思哲国际咨询公司（Heidrick & Struggles）的资深主席格里（Gerry）对一位企业领导说："新媒体的发展，让人与人的关系浅碟化、虚拟化，如果在现实世界中能有一位比你位阶更高的导师亲自指导，你一定比别人更具职场竞争力。"

读万卷书不如行万里路，行万里路不如阅人无数，阅人无数不如贵人相助，贵人相助不如高人指路。导师通常能够以旁观者的角度看待我们的学习，作为过来人，导师会提醒我们注意可能遇到的陷阱，让我们少走弯路。

人和人之间的差异决定了有的人能获得一定的成就而有的人不能。这种差异，除了外在硬件资源上的不同，还有一个非常重要的内在因素——世界观。

世界是美好的，但同时也有残酷和谎言。许多人一生都没能真正认识这个世界。而相对成功的人，对于世界的运行规律等，通常会有更真实而深刻的认知，能够悟出更多的东西，这就是他们获得成功的原因。

如果我们能找到一位人生导师，他能进一步向我们展示真实的世界。虽然他所展示的世界不一定全对，但这也会给我们提供一些可参考和借鉴之处。

什么样的导师是我们需要的?

1. 一个能给我们指明方向的人

导师要具备较强的前瞻性,能够给我们带来比较明确的目标感和方向感。有时候我们也可以把成为他们作为自己努力的目标。

当然,那种一次挫折都没经历过的天才可能不适合做导师。最好的导师是经历过许多的挑战和失败并将其克服了的人,这样的导师给我们的帮助最大。

同时,也可以考虑选择那些与我们所处领域稍有不同的人做导师。这将使我们现有的思维框架得到补充或挑战,同时也为我们带来一些看待事情的新角度。

2. 一个能启迪我们智慧的人

能启迪我们智慧的导师,通常是那些知识渊博又阅历丰富的思想家。当我们不知道要怎样面对一个巨大挑战时,他可以帮助我们思考得更透彻。

他可以是像苏格拉底一样的智者,通常不会直接告诉我们怎样去行动,不直接给出答案,而是不断地问问题,帮助或告诉我们怎样去思考。

有些导师错误地以为讲述自己当年的故事就是对别人的有效帮助。这样做也许有时会有帮助,但大多数情况下,导师的经历并不能为学生提供有针对性的帮助,反而可能把对任何问题的探讨都演变成一场以他为主角的故事会。

另外,如果有人喜欢以“如果我是你,我会如何如何”的方式谈话,也要小心,这并不代表他真的站在我们的立场上帮我们解决问题。毕竟,他是他,我是我。所谓的“如果我是你”,其实还是“我

西蒙学习法:
如何在短时间内快速学会新知识

会如何", 而不是"你应如何"。

3. 一个能给出消极反馈和积极反馈两种不同意见的人

导师一定是在某些方面被我们敬佩, 在某种程度上是我们的榜样的人。这种情感上的认同使我们很容易处于皮格马利翁效应(Pygmalion Effect)之中。

皮格马利翁效应是指, 人的情感和观念会不同程度地受到别人下意识的影响, 人们会不自觉地接受自己喜欢、钦佩、信任和崇拜的人的影响和暗示。

注意导师日常的言行, 也许他确实有过人之处, 但我们要考虑他能否从积极和消极两个方面给我们提供帮助。只会说"干得好"的导师不是好导师; 同样, 只会说"别那么做"的导师也不会对我们有太大帮助。我们需要的导师, 是能给出积极反馈和消极反馈两种不同意见的人。

4. 一个能鞭策我们成长, 而不是总给我们保护的人

一个能鞭策我们成长的人能够推着我们向前走, 他们总在质询、挑战我们的现状, 把我们从自信满满的状态中摇醒, 并督促我们考虑和规划未来。

寻找导师的目的是让自己更强大, 而不是把自己变成温室里的花朵。失败本身就是成功的一部分, 失败能锻炼人。如果导师总能防止我们犯下错误, 那并不会使我们更"强壮", 反而会使我们变得"无力"。当有一天需要靠自己时, 怎么办?

我们要找的应该是能启发我们找到问题根源的导师, 而不是事事替我们摆平的"靠山"。好的导师把训练我们解决问题的能力放在首位, 而把解决我们当下所面临的问题放在较为次要的位置上, 这正是"授人以鱼不如授人以渔"的道理。

2.7 九宫格工具：如何找准学习领域

西蒙选择在芝加哥大学接受本科教育，是因为芝加哥大学倡导通识教育。这个理念恰好与西蒙的喜好不谋而合。当时的芝加哥大学正好在实施新的教学计划，学校不考核学生上课的出勤情况，只要学生参加并通过综合测试，就能拿到学士学位。考试的范围覆盖各门学科，包括人文、社会科学、物理、生物等。

这种学习模式给了西蒙很大的自由。他高中时积累的知识已经足够通过大学前两年的考试，很快他就可以旁听学习更高级的课程。

芝加哥大学的这种学习模式，让西蒙仅用了 3 年时间就取得了学士学位。

然而这并不仅是因为西蒙聪明，他在学习上非常刻苦。他每天早晨 6 点钟起床，一直学习到晚上 10 点，每周 7 天，天天如此。连吃饭和与朋友见面的时候都在谈论彼此在书中看到的内容。

如果我们想要学习多个领域的知识，如何选择最适合自己的学习领域呢？

适合自己的领域内的知识不仅能够持续地为自己创造价值，而且能让自己终身受益。如果学习领域选择不当，不仅会浪费自己的时间，而且可能会限制自己的成长和发展。选择学习领域时，可以运用九宫格工具确定优先级顺序，如图 2-3 所示。

不可   持续
替代   增值

3   2   1
                能力
                提升
6   5   4
                兴趣
                相关
9   8   7

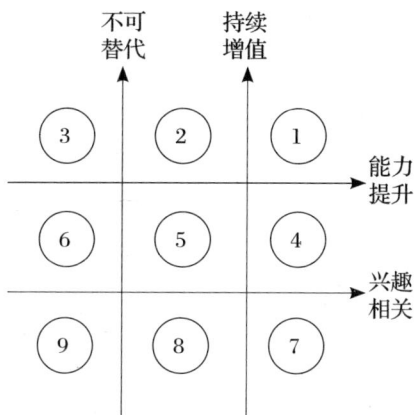

图 2-3　选择学习领域的九宫格工具

在选择学习领域的九宫格工具中，有 4 个评价维度。

1. 持续增值

持续增值在选择学习领域时具备最高优先级。

好的学习领域自带发展属性，当学习者在这类领域中不断深耕时，随着时间的推移，会产生个体不断增值的效果。这类学习领域的上限很高，通常没有"天花板"。

例如，从持续增值的角度来看，要在学习酿酒知识和学习人工智能知识之间做选择，建议优先选择学习人工智能知识。因为人工智能知识对应的领域更广阔，商业空间和应用空间更大，对应职位发展的上限更高，而且随着知识的积累和工作经验的发展，个体增值更快。

2. 不可替代

不可替代是选择学习领域中第 2 位要考虑的。

好的学习领域会让持续从事这个领域的人获得不可替代性。这通常是因为处在这类学习领域中的人需要学习比较复杂的知识，这类知识随着时间的推移可能会自成一派，不仅很难被人工智能复制，而且很难被别人模仿。

例如，要在学习开车和学习画漫画之间做选择，建议优先选择学习画漫画。因为人在学会画漫画后，比较容易形成自己的风格，尤其是随着画画水平的提高，未来还可能创作出某个作品，不可替代性比较强。

3. 能力提升

能力提升是选择学习领域中第 3 位要考虑的。

好的学习领域能够不断滋养我们，让我们的能力持续提升。能力提升的同时也会增强我们的不可替代性。这类学习领域的特点通常是能够与时俱进，那些值得深挖的知识、技能、经验，能不断扩展我们的知识边界。

例如，要在学习安全管理知识和学习人力资源管理知识之间做选择，建议优先选择学习人力资源管理知识。因为人力资源管理知识对应的技能和经验值得人用一生去学习。长期从事这个领域，人的能力能够得到明显提升。

4. 兴趣相关

选择学习领域最后要考虑的，是兴趣相关。

如果所选择的学习领域和自己的兴趣相关，是最好的；如果不能，也不要强求。有的人没有经过客观分析，直接学习个人感兴趣的知识，这种做法是欠妥的。心理学中有"虚假同感偏差"（False Consensus Bias）理论，意思是人们通常会觉得自己喜欢的东西也会被大多数人喜欢，自己的爱好也会是大多数人的爱好，从而高估自身兴趣的价值。

选择学习领域的九宫格工具中①~⑨的含义如下。

①高持续增值、高不可替代、高能力提升、高兴趣相关。

②高持续增值、高不可替代、中能力提升、中兴趣相关。

③高持续增值、高不可替代、低能力提升、低兴趣相关。

④中持续增值、中不可替代、高能力提升、高兴趣相关。

⑤中持续增值、中不可替代、中能力提升、中兴趣相关。

⑥中持续增值、中不可替代、低能力提升、低兴趣相关。

⑦低持续增值、低不可替代、高能力提升、高兴趣相关。

⑧低持续增值、低不可替代、中能力提升、中兴趣相关。

⑨低持续增值、低不可替代、低能力提升、低兴趣相关。

在选择学习领域时，可以把想学习的领域列出来，分别填入九宫格工具中。根据 4 个评价维度的优先级顺序，一般来说，①＞②＞③＞④＞⑤＞⑥＞⑦＞⑧＞⑨，也就是建议优先选择数字较小的象限中的学习领域。

2.8 酒提原理：如何提升竞争力

西蒙虽然是个通才，但他也不是不加选择地什么都学。

作为诺贝尔经济学奖获得者，为什么西蒙的本科专业是政治学呢？其实在大学期间，他一开始很喜欢经济学，本来想主修经济学，但发现学经济学要先学会计学。他不想学会计学，于是就选了不需要先修会计学的政治学。

西蒙虽然主修的是政治学，但在大学期间阅读了很多经济学书籍。正是这个选择，让西蒙可以在政治学和经济学两个领域开展研究。

在唐纳·克里顿（Donald Clifton）与宝拉·纳尔森（Paula Nelson）合著的《飞向成功》中，有个经典的寓言故事。

为了和人类一样聪明，森林里的动物们开办了一所学校。学校开设了5门课程：唱歌、跳舞、跑步、爬山和游泳。小兔子被送进了这所动物学校。它最喜欢跑步课，并且总是在跑步比赛中得第一；最不喜欢游泳课，一上游泳课它就非常痛苦。

但是兔爸爸和兔妈妈要求小兔子什么都学，不允许它放弃任何一门课程。小兔子只好每天垂头丧气地到学校上课。老师问它是不是在为游泳课成绩太差而烦恼，小兔子点点头，盼望得到老师的帮助。老师说，其实这个问题很容易解决，你的跑步是强项，但是游泳是弱项，这样好了，你以后不用上跑步课了，专心练习游泳……

让兔子学游泳、鸭子学跑步显然是在浪费时间。如果我们本来没有某种优势，但是一再地坚持不放弃，希望将弱势变成优势，这是可悲的，付出的代价也是巨大的。如果是兔子就去跑，如果是鸭子就去游泳！

中国有句古话：只要功夫深，铁杵磨成针。讲的是只要坚持不懈，就一定能成功。但看了上面这个寓言故事，我们应该意识到，小兔子根本不是学游泳的料，即使再刻苦、再努力，它也不会成为游泳能手；相反，如果训练得法，它也许会成为跑步冠军。

我们都听说过"木桶理论"，说的是木桶盛水的多少，由它最短的一块木板的长度决定。由此推断出，每个人所取得的成就，由他的短板决定。

根据这一理论，很多人花费大量的时间，拼命去补自己能力上的短板。而可悲的是，补来补去，最后大部分人都变得"差不多"了，看起来就好像是一个模子里刻出来的。结果是，大部分人的努力没有让自己走向卓越，反而越来越平庸。

补短板真的那么重要吗？

1917年，罗家伦报考北京大学，恰逢胡适批阅他的作文试卷。胡适看完他的文章后，毫不犹豫地给他打了满分，并向学校推荐说这个人绝对是个人才。

可当校委会看到罗家伦的成绩单后大吃一惊：罗家伦的数学成绩是零分，其他各学科也都成绩平平。在校委会为此争论不休之时，主持招生会议的校长蔡元培力排众议，决定破格录取罗家伦。

后来，罗家伦成为五四运动的风云人物，"新文化运动"的旗手，并谱写了著名的《五四宣言》。

12年后，已经是清华大学校长的罗家伦在招生中遇到了钱锺书。当时的钱锺书国文特优，英文满分，而数学只有15分，和罗家伦当年考北京大学相比算是略胜一筹。这远没达到清华大学的录取标准，但罗家伦却破格录取了钱锺书。

后来，钱锺书学贯古今，兼修中外，曾领衔翻译《毛泽东选集》的英文版，完成了《围城》《管锥编》《谈艺录》《写在人生边上》等著作，赢得"国学泰斗"的赞誉。

在职场中，我们常听到有人这样问，"我的时间管理做得不好，该怎么提升自己的时间管理能力？""我对数字超级不敏感，要怎么做才能对数字敏感？""我不喜欢与人沟通，要如何让自己健谈？"在回答这些问题之前，我们也许应该先问自己以下3个问题。

（1）这些能力在工作或生活中必须使用吗？

（2）这些能力可不可以完全放弃？

（3）这些能力能不能通过找同伴合作来弥补？

如果必须使用这些能力，但能力不足，就需要刻意练习；如果有些能力我们其实基本用不上或干脆不用，又何必纠结呢?

或许，我们要做的不是木桶，而是一只酒提。"木桶原理"认为人应当成为通才，但"酒提原理"则强调只要长处足够长，可以适当忽略短板。在当今这个时代，酒提原理显然比木桶原理更有效。

酒提，是打酒的工具。以前的酒都装在大坛子里，因为拿起坛子来倒太费力，人们就发明了酒提，便于深入酒坛舀酒。酒提的底部跟木桶相似，但区别在于酒提有个很长的手柄。

每个人在刚进入职场的时候，都需要掌握一些职场礼仪、职场思维、职场小技能等基础理论作为酒提的底部。这个"底部"非常重要，没有这个"底部"，就是竹篮打水一场空。酒提的底部做好了，就是做酒提壁。酒提壁相当于我们的通用能力。

未来人工智能的应用会越来越广，我们最需要的是无法被人工智能取代的通用能力，例如领导能力、创造能力、沟通协调能力、逻辑分析能力、学习能力、跨界能力等。

酒提的核心部分是手柄。如果酒提没有手柄，其他的部分组合起来就是个杯子。手柄所代表的，是每个人的核心竞争力，是我们的"终极技能"，这个技能一定是我们既感兴趣，又擅长的优势能力。

既然手柄是酒提的关键，它就需要长时间的打磨和积累。任何一个行业或领域有竞争力的人具备的优势能力，都是经过长时间的刻意练习得来的。刻意练习的时长决定了酒提的手柄有多长，决定了我们可以在多深的酒坛中打酒。

专栏

一个量化表格帮你准确找到内心热爱的事物

　　笔者曾经有位同事，她是硕士研究生学历，所学的专业是数学，学习能力很强，拥有不少资格证书，跳槽多次后来到笔者的公司。因为当时的人力资源部门需要数据分析专员，就录用了她从事人力资源的数据分析工作。

　　她一开始工作积极，半年后开始"躁动"，总觉得现在的工作没有发挥出自己的才能，有了跳槽的想法。自己学历不低，证书不少，凭什么每天只能做一些简单的事务型工作呢？可因为之前的工作经历都令她不满意，于是她萌生出一个想法——考博士。

　　笔者也是硕士研究生毕业后工作了一段时间，又考取博士的，所以她向笔者征求意见，想知道如何学习能快速通过博士入学考试。

　　笔者问她："你想考哪所大学，什么专业呢？"

　　她说："我还没想好。"

　　这让笔者很疑惑，笔者接着问："那你为什么要考博士呢？"

　　她说："我就是对现状不满，期望通过考博士改变现状。你对我考博士的大学和专业有什么建议吗？"

　　笔者说："每个人有不同的价值观、不同的人生规划、不同的期待，你未来想做什么，想往哪个方向发展，这是很私人的事情。而且每个人的情况不同，要改变现状，考博士是不是最好的路径，考证会不会是更好的选择，这些都需要你自己想清楚。"

她的逻辑是，期望能通过多学知识找到心仪的工作，当工作令自己不满意时，就说明学得还不够，于是期望进一步学更多知识，以期找到心仪的工作。

显然，她的问题不是考博士或考证本身，而是该学什么、该考什么能比较直接地帮助她找到自己心仪的工作，但她没有想清楚。

她其实是不知道自己要什么。进一步说，她为什么而学？她期望成为什么样的人？她期望从事什么岗位？搞不清楚这些问题，学再多也没用。

没在一开始想明白学习的方向和目的，越学习，就会越迷惑。

尼采说："当一个人知道自己为了什么而活，他就能够忍受任何一种生活。"

知道自己想要什么，知道自己未来要去哪里，知道自己为了什么而努力，人就会活得通透，大概就是孔子说的"不惑"和"知天命"的状态。

西蒙在很小的时候就明白了这个道理，他知道什么是适合自己的。西蒙的父亲精通电器修理，曾经在家里的地下室制造了他们所在小区的第一台收音机。西蒙小的时候常去地下室看他父亲工作，但他发现自己的手工活儿一直做不好。他不像有些科学家那样，小时候喜欢拆钟，研究钟表的内部结构。他虽然拆过钟，但发现自己很难再组装回去。相比做手工，西蒙更爱读书。

虽然父亲是工程师，西蒙小时候也常跟着父亲去工厂考察参观，见识了发电站、钢铁厂、炼焦厂，看到了用机械设备制造产品的过程，但他从来没有想过要当工程师。他认为每个人都有属于自己的领域，这个领域不应该是别人为自己设计的，而应当是自己探索出来的。

西蒙学习法：
如何在短时间内快速学会新知识

年少时的西蒙并不知道自己未来应该做什么。他一开始想做士兵，后来想做护林员，再后来想做律师，之后才是想做科学家。年少时他最大的收获，是通过博览群书培养了自己的求知欲。这深深地影响了他未来的职业选择和事业发展。

在不断的尝试中，他很早就认定人的行为能够被科学地研究，也预见了数学将在科学领域中发挥的作用。

我们该如何做选择？纯粹靠拍脑袋显然是不对的。

比较好的方法，是准确找到我们内心最想要的是什么。这种想要的程度，甚至是可以量化的。我们拿选择职业方向的案例来看如何选择学习方向，因为促进职业／事业的发展，正是学习的重要目的之一。

1970年，心理学家舒伯（Donald Super）研究开发了职业价值观量表（Work Values Inventory，WVI），将职业价值观分成了15项，分别是利他助人、美的追求、创造性、智性激发、成就感、独立性、声望地位、管理权利、经济报酬、安全感、工作环境、上司关系、同事关系、生活方式、变异性。

舒伯的职业价值观量表，有助于我们在确定了几个职业方向之后，做出最终选择。这里可以用到的工具是职业价值观决策量表，如表2-1所示。

表2-1　职业价值观决策量表

职业价值观 （8项）	重要度 （1~10）	职业1	职业2	职业3

职业价值观 （8 项）	重要度 （1~10）	职业 1	职业 2	职业 3
总分				

在面临人生中重要的职业选择时，可以用职业价值观决策量表做职业选择的探索和验证，具体方法如下。

（1）罗列 8 项自己认为重要的职业价值观，填入表格。注意：可以参照但不限于舒伯的 15 项职业价值观。

（2）给职业价值观的重要度打分，分值为 1~10。

（3）罗列职业选项，一般选择 2~3 个最想发展的职业填入表格。

（4）为不同职业选项的满意度打分，分值为 1~5。

（5）计算各职业选项的加权总分。

（6）与自己或他人讨论并适当调整分数，得出结论。

来看一个具体应用的例子。

小李在一家上市公司工作多年，兢兢业业，认真踏实，工作得到了领导和同事的一致认可，目前已经在分公司部门负责人岗位上工作了 5 年。集团公司领导有意提拔他，目前有两个职位空缺，一个是小李所在的分公司副总的岗位，另一个是集团公司某部门的负责人。集团公司领导找小李谈话，想征求小李本人的意见。

小李利用职业价值观决策量表，罗列出自己认为重要的 8 项职业价值观，分别是成就、智慧、上司、审美、金钱、创造力、自主、生活方式，不同职业价值观对应的重要度、不同岗位对应的满意度如表 2-2 所示。

表 2-2　小李职业价值观决策量表应用

职业价值观	重要度	分公司副总	集团公司部门负责人
成就	8	5	4
智慧	9	5	4
上司	6	5	3
审美	7	4	4
金钱	8	5	4
创造力	7	4	4
自主	6	4	5
生活方式	5	4	4
总分		255	224

　　根据量表的测算结果，小李对分公司副总岗位的满意度总分是255分（5×8+5×9+5×6+4×7+5×8+4×7+4×6+4×5=255），对集团公司部门负责人岗位的满意度总分是224分（4×8+4×9+3×6+4×7+4×8+4×7+5×6+4×5=224）。小李对分公司副总岗位综合价值的认可度高于集团公司部门负责人岗位。小李在反复检查各项分值与自身职业价值观的匹配度后，最终做出了选择担任分公司副总的决定。

　　这个方法可以帮助我们快速筛去那些我们原以为是自己的人生目标但其实并不是的目标。学习要为自己的目标服务，不同的人生目标对应着不同的学习需求。自己想要什么这个问题的答案没有优劣之分，人与人大不相同，适合自己的才是最好的。

　　印度著名的哲学家克里希那穆提说："无知的人并不是没有学问的人，而是不明白自己的人。"

　　当我们的人生陷入迷茫，不知道自己该往哪个方向走时，可以运用这个方法找到方向。当我们不知道自己该学什么，不知道学什么对自己来说最有用时，可以运用这个方法让自己的学习有目的、有方向。

3

目标：
让学习有始有终

西蒙认为，人类的多数行动都是有目的的，也就是以某个目标为导向。没有目标的行动毫无意义，目标决定了行动的方向。学习同样需要有目标。有了学习目标，不仅能知道如何行动，也能知道如何评估行动结果。

3.1 目标检验：为什么有些学习目标无效

做任何事情都需要有目标，目标明确可以使我们的行动更主动、更有方向感。学习也是如此。有目标的学习，会更有针对性，效率更高，更容易取得好成绩。如果要制定一个有效的目标，我们可以借鉴"现代管理学之父"——彼得·德鲁克（Peter Drucker）提出的SMART原则。

SMART原则，分别是指明确的（Specific）、可以被量化的（Measurable）、可以实现的（Attainable）、具备相关性的（Relevant）、有明确截止期限的（Time-bound）。

SMART原则的第1项是，目标要明确（Specific）。

明确的目标能给我们动力，否则就只是一个口号。例如，笔者一开始把"努力学习"作为自己的学习目标，但后来发现这个目标并不明确。

努力学习是学什么呢？学到什么程度才算努力呢？这是一个愿景，是期望达到的状态，而非一个明确的目标。

例如，张三的父亲说："期末考试，你要是能考全班第一，我就给你买乒乓球拍。"这时候，张三就有了一个明确的目标——我要考全班第一！

例如，完成当天的全部作业之后，出门打30分钟乒乓球，这个目标很明确。

西蒙学习法：
如何在短时间内快速学会新知识

熟练背诵 10 篇古诗词，就奖励自己玩 30 分钟游戏，这个目标也很明确。

SMART 原则的第 2 项是，目标可以被量化（Measurable）。

目标只有可以被量化，才能评判其是否达到。如果目标无法被量化，不仅执行时没有标准，而且评价时也没有依据。

例如，"学好语文"就不是一个量化的学习目标，如果以此为目标，那么我们每天应该做什么？应该怎么做呢？

这个时候不如把"3 个月内背完 300 首唐诗"作为目标。

此外，如果我们制定的学习目标是长期目标，需要几周或几个月来完成，那么我们在这个目标的实现过程中，可能很容易懈怠。

为了让自己更有动力，我们要把长期目标拆解为短期目标，把需要几周或几个月完成的学习目标拆解成每天的任务，或每天的某个具体时间段需要做什么，让长期目标也可以被量化。

例如，把"3 个月内背完 300 首唐诗"的目标拆解成每天背诵 4 首唐诗。这样，我们每天都能看到自己的进步。

SMART 原则的第 3 项是，目标必须是可以实现的（Attainable）。

过高的目标是揠苗助长，只会适得其反。如果一个目标不能实现，它不仅没法鼓舞我们，还可能让我们失去学习的兴趣。

例如，把"4 天内记住 1000 个单词"作为目标，大家还没有开始背单词，就知道这个目标实现不了，也就没兴趣去实现了。

所以，目标不要设置得过高，一定是我们努力后可以实现的。

例如，我们现在每天可以轻松地背诵 3 首唐诗，那我们可以将每天背 4 首唐诗作为学习目标。

另外需要注意的是，虽然目标不应设置得过高，但也不代表目标要设置得很低。

例如，我们明明每天可以轻松地背诵 3 首唐诗，却给自己制定每天背诵两首唐诗的目标。

最好的目标是它在可达到的同时，具备一定的挑战性，是"伸伸手""踮踮脚""跳一跳"，可以达到的。有挑战性的目标有助于激励我们不断进步。

SMART 原则的第 4 项是，目标要和需求具备相关性（Relevant）。

学习目标必须和我们的需求相关，不能"跑题"。

例如，张三一个月之后有一场重要的数学考试，但他给自己制定的学习目标不是每天用 1 小时复习 50 道数学题，而是每天花 2 小时背 50 个英语单词。这个目标显然"跑题"了。

又或者，张三想提升写作能力，他设定的目标应当与提升写作能力有关，如每天写一篇日记，但他制定的目标却是 1 个月内背 30 篇课文。背课文和提升写作能力虽然不能说毫无联系，但不直接相关，不进行实际的写作练习，写作能力很难真正得到提升。这个目标也"跑题"了。

"跑题"的目标会让我们缺乏动力，即使实现了，我们也可能因为缺少正面反馈而觉得没收获，甚至产生自我怀疑。

所以，在制定目标时，一定要考虑好自己的需求是什么，制定的目标和需求是否有关系。二者的关系越紧密，实现目标的动力就越强，实现后获得的满足感也越强。

SMART 原则的第 5 项是，目标要有时效（Time-bound）。

每个目标都要设置实现的期限，都应当有时效性，也就是要明确用多长时间或在某个时间点之前完成。

例如，每天的作业必须在 1.5 个小时内完成，寒暑假作业必须在开学前完成。

没有期限的目标等于没有目标。

例如，张三给自己制定的学习目标是能够完整背诵《唐诗三百首》，但没有设置时间限制。于是他就一拖再拖，直到毕业也没有完成这个目标。

为目标设置时间期限后，我们会产生紧迫感，从而学习得更专注，效率也更高。

3.2　方法归纳：用你的最佳实践解决难题

笔者做咨询项目时，经常有创业者问笔者："为什么我做的产品不赚钱？但同行能赚钱？"

实际上，万事万物皆有方法论。每个行业都有自己的门道。所谓门道，就是那个领域的方法论。找到最佳实践（做得最好的情况），并对其进行分析研究，就可以总结并提取出方法论，便于自己学习和应用。

具体如何操作呢？我们来看一个案例。

美国曾经有一个大型交通客运公司，其主要负责城市公交车和地铁的运营。很多乘客为了方便，乘坐公交车或者地铁喜欢买月票。该公司近期遇到了一个很大的问题——售票员的售票速度实在是太慢了，每到月初或月末乘客集中购买月票时，售票窗口都会排很长的队。

除了售票速度慢引起的排队问题外，售票员在售票过程中还经常出错，出现了不少算错票价、找错钱的情况。类似这些事引起了乘客的投诉，这家公司因此还上了当地的报纸，给公司造成了不小的负面影响。

这家公司一共有 400 多名售票员，他们绝大部分是以前的公交车司机，因为年龄偏大、健康状况不佳等不能再开公交车了。他们的平均年龄为 55 岁。售票员的岗位是公司照顾他们特意安排的。因为和工会有协议，公司不能轻易辞掉他们。现在的问题是，如何在不能换人的前提下，改善这个情况呢？

这家公司组织了大量的内部培训，教这些售票员怎样准确、快速地卖票，如何为顾客服务，但培训后情况仍没有明显改善。公司觉得一定是自己在组织培训的方式或培训内容上出了问题。无奈之下，公司找来了一位人力资源管理方面的专家，想让这位专家开发一套培训体系或制订一个培训计划，给这些售票员好好培训一下。

专家了解整个情况后没有马上对售票员进行培训，他问："是不是所有售票员的速度都很慢？或者都经常出错？有没有做得比较好的呢？"

跟这位专家对接的公司经理说："大部分都不好，只有一个叫'圣利奥站'的车站的售票员做得不错，那个车站没有被投诉过。"

专家来到圣利奥站，然后就在售票窗口边上站着默默观察。他看到一名乘客来到售票窗口，说想要买一张儿童月票、一张老人月票和两张成人月票。

售票员几乎是马上回答："您好，一共 136 美元。"

交通公司票价的设置是这样的：儿童月票和老人月票属于优惠月票，一张 26 美元；成人月票一张是 42 美元。专家心算了一下，他大概也得用半分钟时间来计算和确认这个数字。这名售票员怎么能算得这么快呢？

他觉得有些不可思议，于是观察得更仔细了。后来又来了一位买票的乘客，售票员也仅用几秒钟就报出票价，很快速、很准确。

西蒙学习法：
如何在短时间内快速学会新知识

专家好奇地走上前去观察，这时候，他发现在售票员的工作台上放着一张硬纸板，上面是手工画的一张表格，如表 3-1 所示。

表 3-1 圣利奥站售票员样表

优惠月票数	普通月票数								
		0	1	2	3	4	5	6	7	8
	0		42	84	126	168	210	252	294	336
	1	26	68	110	152	194	236	278	320	365
	2	52	94	136	178	220	262	304	346	388
	3	78	120	162	204	246	288	330	372	414
	4	104	146	188	230	272	314	356	398	440

这张表的顶端横向是 0~8 的数字，代表普通月票的购票数量，左端纵向是 0~4 的数字，代表优惠月票的购票数量，表格里的其他数字，代表着买 X 张普通月票、Y 张优惠月票，一共要花多少钱。

例如，有人要买 2 张儿童月票、2 张老人月票、3 张成人月票，一共多少钱?

在这个表格的左端纵向找到 4，在顶端横向找到 3，它们行列交汇处对应的数字是 230，也就是购买 4 张优惠月票，3 张普通月票一共需要 230 美元。整个过程只用了几秒钟，很快!

专家一看，原来这个事情可以这么简单! 他接下来要做的，就是以这个表格为模板，将它做得更耐用一些、更大一些，印刷成彩色版本，塑封好了之后分发给每个车站，然后把使用方法教给售票员。

结果解决这个问题一共花了 500 美元左右的材料费，仅经过了几天时间，售票速度整体提升了 70%，而且从此以后，售票员的出错率几乎变成了零。

我们通过这个案例能够看出，以问题为导向寻找并学习解决方法的情况可以分成 3 步。

1. 分析情况

分析当前情况，找到当前问题所在。要先对当前存在的问题做详细分析，而不是盲目地采取行动。这一步包括如下问题。

这件事的难点在哪里？

当前最大的问题是什么？

是哪个环节有问题？

2. 搜寻最佳实践案例

找到在这个领域当中做得最好的那个人或最有参考价值的案例，研究这个人为什么做得好，采取了什么方法，秘诀是什么。研究这个案例为什么具有参考价值。这一步包括如下问题。

这件事可以向谁借鉴？

谁在这件事上做得比较好？

做得比较好的情况有哪些？

3. 萃取经验

把最佳实践案例中使用的方法和秘诀提炼出来，变成自己学得会的工具或模板，让自己快速上手。这一步包括如下问题。

做得好的原因是什么？

有哪些经验或方法可以提取？

方法的具体实施步骤是什么？

遇到难题时不应着急，分析当前情况，找到最佳实践案例并从中萃取经验，就能为当前难以解决的问题找到解决方法。

3.3　经验萃取：学会向高手提问

经验可以被学习吗？

很多人认为不能，因为他们觉得经验不同于知识和能力。知识可以通过书本或课程获得，能力可以通过练习获得，但经验必须通过时间积累才能获得。所以论重要程度，经验＞能力＞知识，经验比能力和知识更有利于人们成长。

实际上，经验能够被学习，但学习经验的方法与学习知识和能力的方法有所不同。要理解这一点，首先要理解什么是经验。

经验指的是工作时间的长短吗？肯定不是。现实中很多工作了30年的人也不见得有什么经验。为什么会这样？因为一些工作了30年的人只是把同一套动作重复做了30年。这不是有30年的经验，只是工作了30年。

那经验到底是什么？实际上，经验更像是一种异常管理能力。对，说到底，经验也是一种能力。这种能力，可以理解为异常管理能力。

以出租车司机这个职业为例。一个人，从不会开车到熟练掌握开车技能，熟记城市路线（有了导航后这一步变容易了），熟练掌握出租车运营规范，最终成为一名合格的出租车司机，需要多长时间呢？粗略统计，大约需要不到一年的时间就能做到。

但如果乘客可以自由选择出租车的司机，老司机肯定比新司机更受欢迎，因为老司机的经验更丰富。老司机比新司机多的经验究竟是什么？其实就是老司机对各类异常状况的应对处理能力。

如果依然难以理解，可以想象这样一个场景。假如有一条没有尽头的路和一辆不需要加油的车，一名出租车司机在这条路上一直往前开，整条路上没有其他车辆，也没有行人，不需要转向，不需要变道，不需要避让，也不需要刹车，就一直开，开了30年。这名出租车司机就有了30年经验吗？当然不是。

那在什么情况下，这名出租车司机才算有了经验？就是在自己正常转弯时，即使路况良好，也要提防可能忽然冒出一辆闯红灯的电动车；就是在接到了喝醉酒在车上睡着，怎么也叫不醒的乘客时，知道可以请求公安部门的帮助；就是在变道时，知道再怎么样也不能着急。这样才是有了经验。

经验就是人们经历了一个个关键事件，对这些关键事件的处理方法总结，以及得出的结论。再回到最初的那个问题，经验可以被学习吗？当然可以，只要懂得萃取经验的方法就可以。

具体如何萃取经验呢？

萃取经验可以用访谈的方法，通过向"高手"提出问题，总结出高手把事情做成功的方法。萃取经验的提问有4个技巧，分别是拆分问题、聚焦到动作、有具体的行为佐证和从多维度上提问。

1. 拆分问题

如果目标问题较宏大，如"如何提高销售业绩"，不要直接问目标问题，而应将目标问题拆分成更具体的问题，例如"你拜访新客户时会怎么做"。

2. 聚焦到动作

萃取出的经验不能是品格、价值观、理念等思想上的比较空泛的概念，而要聚焦到具体的行为动作。要追问得更细，把经验细化到最小的动作，做到普通人也能复制。

3. 有具体的行为佐证

总结出来的具体行为和动作要有具体的佐证。例如，得出"每天打100个陌生电话有助于增加新用户"的结论，要有多次这样做后确实增加了新用户的数据作为佐证，并与没这样做所得到的数据进行对比。

4. 从多维度上提问

萃取"高手"的经验时，不能只对"高手"提问，还要向与"高手"相关的周围人提问。为了让提问更有效，问的人越多越好。

萃取"高手"的经验时，除了访谈"高手"本人之外，还要访谈"高手"身边的人，还原"高手"生活和工作的全链条。不是每个人都具备较准确的自我认知，"高手"有时也不能完全意识到自己到底好在哪里。通过对"高手"身边的人进行全方位的访谈，我们能够更全面地认识到"高手"做得好的原因。

例如，当我们想知道一个"学霸"的学习成绩为什么好时，不仅要问"学霸"本人平时是如何学习的，还可以问"学霸"的老师、父母、朋友"学霸"平时的学习和生活情况。这样才能完整地还原"学霸"学习的完整脉络。

需要注意的是，萃取经验时提出的问题不应是大而全的，应当将大问题拆分，细化到某个具体场景，对解决某类具体问题的方法等提问。泛泛的问题并不能有效萃取经验，反而是那些能细化到具体行为的问题能有效萃取经验。

掌握经验萃取的方法，可以留住优秀经验，有助于快速提取并学习到优秀的经验。

3.4 奖励杠杆：增强你的学习动力

阿基米德说："给我一个支点，我可以撬起地球。"

杠杆原理最早是从自然界的物理现象中总结出来的，后来被应用在不同领域。有效利用杠杆，往往能让效率倍增。

学习也可以给自己加杠杆，最常见的杠杆是实施自我奖励。

人们通常会因为超额奖励做出额外的努力。

有个企业的职工食堂的承包商发现，员工吃完饭后餐盘乱扔的现象严重，工作人员收拾起来十分麻烦，于是找到办公室主任。

一开始，办公室主任的做法是制定规章制度，规定在食堂吃完饭不把餐盘放到指定位置者，罚款 10 元。此规定出台后，情况并没有好转。办公室主任认为情况没有好转的原因是员工不知道该规定，还把规定打印出来贴在食堂的墙上，结果也没什么效果。

后来，办公室主任觉得是因为没有人监督该规定的执行，于是让办公室的工作人员在食堂监督。如果员工素质够高，不需要监督也会遵守该规定。很多人不遵守该规定正是因为素质不高，工作人员饿着肚子在食堂监督，又没有罚款权，很多员工根本不理会她。

后来，办公室主任改变了做法，如果员工就餐后能够把餐盘放到指定位置，就可以领取一个水果作为奖励。其实，这本来就是近期办公室主任与食堂承包商协商好的提高员工用餐标准的项目。即使员工没有把餐盘放到指定位置，也要在员工餐中加入水果。把水果变成文明用餐的一种奖励，此举一出，果然效果显著，食堂从此再也没有出现乱放餐盘的现象。

这个方法同样适用于自身的学习上。多学一些，就给自己一些奖励。

西蒙学习法：
如何在短时间内快速学会新知识

促进学习的奖励可以包括什么呢？

完成小的学习计划，可以实施比较小的奖励，如看一场电影，玩一会儿游戏，吃一顿好吃的等。完成大的学习计划，可以实施比较大的奖励，如奖励自己一场旅行。需要注意的是，奖励不能影响接下来的学习计划。

除了实施自我奖励外，还可以通过杠杆来增强学习动力。

当有一个目标想要达到时，一般人想的是，我要如何通过自身努力来达到这个目标，这是典型的"向内求"思维。而还有一类人除了想怎么向内求之外，还会想能不能借助外力？能不能使用杠杆？这类人有一个共同的特点，就是拥有"向外求"思维。

内在的能量再强大，与整个外在世界的资源相比，也是渺小的。要做成一件事，光靠自己的努力显然是远远不够的。

例如，某人发现自己的自我管理能力差，于是给自己制定了一个年度目标：一年读 40 本关于自我管理的书。这种思维本质上还是典型的"向内求"思维。

其中暗含着一个逻辑漏洞。他的逻辑是：因为我的自我管理能力差，所以我想通过一年读 40 本书来提升自我管理能力。可是，读书本身也是一件很辛苦的事情，一个自我管理能力差的人，能管住自己读 40 本书吗？显然这个目标最终实现的可能性很小。

有没有其他办法呢？

有！例如，可以把年度目标改为参加读书沙龙会，并当众承诺要在沙龙会上分享 40 本书的读后感。这就开始把纯粹的向内求转成向外求。参加读书沙龙会，通过社群给自己压力，社群里的人会监督自己，分享的过程会产生沟通和交流。这是通过"输出"来倒逼"输入"。这样做，目标不仅更容易实现，而且实现的效果会更好。

还有其他办法吗？

有！例如，可以把年度目标改为找到自我管理方面的专家，拜他为师，向他学习。专家必定花费了大量的时间在这件事情上，很可能看过大量的资料，走过许多的弯路，提炼过诸多的核心观点，帮助过许多有类似问题的人。

总之，直接向专家取经，向他提出具体的问题，可以更有针对性地探讨问题，更有条理地分析问题，更加全面地解决问题，这是更进一步的借力。

还有没有更好的方法呢？

有！比如，可以把年度目标改为成为自我管理方面的专家。这个目标显然更难一些，但达到后能使自己的价值倍增。

要实现这个目标，可能需要"不断地学习并通过沙龙会分享 N 本书"＋"找到自我管理方面的专家并拜师学艺"＋"加入各种圈子以寻找资源继续学习"＋"不断地提炼总结核心知识"＋"不断地尝试帮助自我管理有问题的人"等。

因为自己在自我管理方面存在不足，所以更容易搞清楚问题的根源和抓住痛点。因为有切身的尝试和感受，所以更容易知道哪些理论是"真鸡汤"，哪些是"假鸡汤"；哪些是"解药"，哪些是"毒药"。这个层面是更有智慧的借力，是"借自己之力"＋"借外界之力"。

利用杠杆来增强学习动力，不仅效率倍增，知识"边界"也会越来越广。

西蒙学习法：
如何在短时间内快速学会新知识

3.5　适度愚蠢：对学习来说，笨点儿不是坏事

傻，其实是一种做事的智慧。

有位企业家曾说自己成功的秘诀是让别人多赚一点儿。很多人做生意只想着自己利益的最大化，不考虑上下游的利益，结果没多久生意就做不下去了。但这位企业家宁可自己少赚一点儿，让合作伙伴多赚一点儿，这样大家都愿意和他做生意，他的生意才会越做越大。

聪明过头，精于算计，吃亏的是自己。

带点儿傻气，埋头苦干，反而有所收获。

有时傻一点儿，不是坏事。有时太精明，也不是好事。这个世界上从来不缺聪明的人，缺的是敢承认自己不够完美，却又愿意傻傻坚持的人。

傻一点儿，不仅是行动力的保障，也是学习的需要。

詹姆斯·马奇（James March）曾说："学习时不要过分理性，而要适度愚蠢。理性不等于智慧，适度理性加适度愚蠢，才是智慧。"

詹姆斯·马奇是谁？

2003 年，管理学者罗伦斯·普赛克与托马斯·戴文波特在《哈佛商业评论》上公布了一张包含 200 位管理大师的排行榜，然后他们问了上榜的管理大师们一个问题：谁是你心目中的大师？

结果排在第 1 位的是现代管理学之父彼得·德鲁克（Peter Drucker），排在第 3 位的是本书的主角西蒙，排第 2 位的，就是詹姆斯·马奇。

詹姆斯·马奇是与西蒙类似的另外一位通才，他是管理学、经济学、政治学、社会学、教育学、计算机科学、统计学等多领域的专家。此外，他还制作过纪录片，出过诗集。显然，如果没有强大的学

习能力，他不可能取得这样的成就。

对于学习，马奇认为应当从经验中学习，但不能过分依赖经验；学习时应当高效，但不能过分高效。就像一只猫碰到热炉后被烫伤，从此再也不碰热炉。但也许这个热炉是间歇性发热的，冷却时踏过热炉就可以找到食物。如果过分依靠经验高效学习，则在第 1 次被烫伤之后就再也不会尝试第 2 次。

被烫到一次后，猫得出再也不碰热炉的结论，从而不再做任何的尝试和努力。这种模式不是真正的学习，而是浅尝辄止、简单归纳。

什么是智慧？智慧是七分聪明，三分傻。我们学习的时候，要多坐在那三分里；处事的时候，要多站在那七分中。

自作聪明的人喜欢"秒懂"，当他学习的时候，刚学了开头，他就会说："啊！我知道了！这个事是这样的！" 对于普通的小事，"秒懂"也许没有太多坏处。但对于学习，"秒懂"并不是件好事。别人又不傻，很多知识是从多年的经验中总结出来的，怎么会轻易被"秒懂"？

学习是一个收获的过程，犹如春种秋收，会有一个如种子发芽般改变的阶段，并不是如许多人想象的那般容易。有时我们觉得自己学习的时候是在接受，但内心并没有真正接受；有时我们觉得自己在学习，但并没有真正在学习。因为我们获得的只是信息，而非知识。

很多人注意力不集中，专注力不强，就是因为太"聪明"，吃着碗里的，还要看着锅里的，不能平心静气地学习。有一点儿劳累，马上就找有没有捷径可以走。发现一些原本不知道的新东西，马上就觉得自己学到了。

有句话说得好：人要拼命努力，才会让自己看起来毫不费力。

用"拼命"来形容"努力"其实并不准确，这会吓退很多人。普通人的生活学习又不是打仗，没有你死我活，拼哪门子命呢？

不如说：人要傻傻地努力，才会让自己看起来毫不费力。

做人不如傻一点儿，傻傻地努力，傻傻地做事，傻傻地学习。

少说少想，多学多做，普通人才更有可能做成不普通的事。

3.6 学会放弃：面对抉择时如何取舍

人的时间和精力有限，既不可能什么都得到，也不可能什么都学会。很多时候，人们必须懂得做选择；很多时候，人们只能从众多选项中选择一项。设定目标的同时，意味着做选择，也意味着放弃。西蒙不仅懂得学习和做科研，也懂得放弃。

首先是事业上的放弃。西蒙曾经有机会担任卡内基梅隆大学的校长，但是他拒绝了。原因是西蒙认为行政岗位的工作会占用自己大量的时间，不仅会影响自己的科研，而且会约束自己的生活。

其次是爱好上的放弃。除了学习之外，西蒙把很多时间用在自己的兴趣爱好上，但他懂得取舍，知道不能玩物丧志，清楚什么对自己来说是最重要的，什么是相对来说不那么重要的，他会管理自己的兴趣爱好。

西蒙主要的兴趣爱好有 4 个，分别是下国际象棋、徒步旅行、画画和弹钢琴。但因为时间有限，当他发现某种兴趣爱好耗费的时间过多，影响他的研究工作时，他就会果断放弃。

例如，他先是喜欢国际象棋，高中时花了两年时间玩国际象棋。西蒙的棋艺很高超，甚至打败了他所在市能力最强的象棋选手。但因为国际象棋是输赢性质的博弈类游戏，会激发人的好胜心，要让自己保持高水平的棋艺，西蒙每周需要花费一两天的时间来练习，这对他来说太耗费时间了。

相较于国际象棋，徒步旅行这一兴趣爱好没有竞争性，没有输赢，不需要向别人证明自己在某种程度上能做到最好，而且还有助于开阔视野、陶冶情操、放松心情。这个兴趣就被西蒙一直保留了下来。

西蒙虽然是个色盲，但很喜欢画画，还通过练习找到了适合自己的画画方式。他画了一两年，后来发现画画开始在他思考问题的时候占据他的思绪，就不再画了。但他有时候还是忍不住想画，这个兴趣就慢慢变成了他旅行途中的消遣。

西蒙喜欢弹钢琴，他能以精准的节奏完整弹奏莫扎特的奏鸣曲、巴赫的序曲。但因为弹钢琴同样需要耗费时间来练习，这对他来说依然是要放弃的。

很多人夸西蒙兴趣爱好广泛，但其实他自己是很有节制的。对西蒙来说，最重要的事是理解人类的思维模式。这件事的重要性超过了他所有的兴趣爱好，所以他做出了取舍。

有意思的是，在西蒙发表的文章当中，他经常会谈到国际象棋、弹钢琴这些兴趣爱好。从某种意义上来讲，西蒙的兴趣爱好是为他的主业服务的。

伟大的人都是懂得放弃的人，他们知道在有限的时间里只能做有限的事。如果不懂得放弃，最终可能什么事都做不成。与西蒙类似，爱因斯坦曾经拒绝过当总统的邀请。

1948 年 5 月 14 日，以色列国正式成立。不久之后，便爆发了阿拉伯国家与以色列之间的战争。那时，已经定居美国 10 多年的阿尔伯特·爱因斯坦（Albert Einstein）向媒体宣称："现在，以色列人再不能后退了，我们应该战斗。犹太人只有依靠自己，才能在一个对他们存有敌对情绪的世界上生存下去。"

以色列的首任总统魏茨曼（Chaim Azriel Weizmann）逝世后，一位记者给爱因斯坦打去电话，询问爱因斯坦："听说以色列将要邀请您出任总统，教授先生，您会接受这个邀请吗？"

"不会的，我当不了总统。"爱因斯坦斩钉截铁地说。

"教授先生，总统是象征性的，您是最伟大的犹太人。哦，不，您是全世界最伟大的人。如果能由您来担任以色列总统，展示犹太民族的伟大，这再合适不过了。"这位记者说。

"不，我干不了。"爱因斯坦依然坚定地说。

爱因斯坦刚放下电话，驻华盛顿的以色列大使就打电话来。大使说："教授先生，我是奉以色列总理大卫·本–古里安（David Ben-Gurion）的指示来请问您，如果提名您做总统候选人，您愿意接受吗？"

"大使先生，关于自然，我了解一点儿；但是关于人，我几乎一点儿也不了解。我这样的人，怎么能当总统呢？麻烦您向外界解释一下，帮我'解解围'。"

大使进一步劝说："教授先生，已故的总统魏茨曼先生也是教授。他能胜任，您一定也可以的。"

"魏茨曼和我不是一种类型的人。他能做到的，我不一定能做到。"

大使最后说："教授先生，请您再认真地考虑一下。全世界每一位犹太人，都在期待您成为总统呢！"

不久后，爱因斯坦在报上发表声明，正式谢绝出任以色列总统。

对世人来说，国家总统是一个令人羡慕的职位，也是许多人梦寐以求的，当上总统不仅可以获得权力和地位，而且可以流芳百世。

作为科学家，爱因斯坦明智地根据自己的特长制定人生规划，确立目标并一直为之奋斗，终于在光电效应理论、布朗运动和狭义相对论等多个不同领域取得了重大突破。

狭义相对论的诞生，促使人们了解了时间旅行的奥秘、原子裂变的巨大能量、宇宙的起源和终结、黑洞和暗能量等奇妙现象。这个世界还有许许多多的奥秘都隐藏在他的狭义相对论中，等待世人去发掘。

假如那时爱因斯坦当了总统，没有坚持留在科研领域，很难讲这个世界上会不会有一个"伟大的政客爱因斯坦"，但因为他要把时间用来处理国家事务，应该很难会有"伟大的科学家爱因斯坦"。

3.7 集中突破：用优势对标别人的劣势

我们的人生充满着各种各样的选择、各种各样的机会、各种各样的决定，但是我们的人生也存在着很多局限，我们不可能做到无处不在、无所不见、无所不能。

我们受制于自己的健康、财富、知识等，而最大的局限，就是时间。有限的时间做不了无限的事情，要达到目标，必须专注。

因为专注，才有了"夸父追日"的精神。

因为专注，才有了"精卫填海"的毅力。

因为专注，才有了"愚公移山"的执着。

因为专注，才有了"闻鸡起舞"的勤勉。

然而我们应该专注于什么呢？

如果有两个选择，第1个选择是在自己的优势领域投入时间学习，第2个选择是在自己的劣势领域投入时间学习。你会选择哪一个呢？

如果是学习学校的学科知识，毫无疑问要选择第2个。但如果是成年人为个人发展而学习，那应该选择第1个。

美国著名的政治家本杰明·富兰克林（Benjamin Franklin）说："宝贝放错了地方就是废物。"

人要有所成就，必须对自己有基本的认识。例如，我的英语也许差一些，但写小说、诗歌我是能手；我可能解不出那么多的数学难题，或记不住那么多的英语单词，但我在处理事务方面有特殊的本领，能知人善任，有高超的组织能力；也许我连一个苹果也画得不像，但是有一副动人的歌喉；也许我不擅长体育运动，但棋艺水平很高。

发现自身的优势对每个人来说都意义重大，然而却有许多人不知道该怎么做。很多人都有这样的疑问：我怎么知道自己是否正在做自己最擅长的事情呢？我怎样才能发现自己真正的优势所在呢？

回忆在学习、生活、工作经历中给我们留下深刻、难忘、激动、兴奋的体验的事，或回忆我们很顺利、高质量地完成某件事情，或学习掌握某个知识或技能的经历，这可能就是我们的独特优势。

卡尔·海因里希·马克思（Karl Heinrich Marx）几乎花了毕生的心血来研究资本主义社会的运动规律，发现和揭露了资本赖以生存的奥秘，从而在政治经济学中掀起了一场革命。但是，马克思早年的兴趣很多，尤其喜欢文学。

马克思在学生时代便有众多爱好，并显露出多方面的才华。他在中学时期，特别喜欢语文课。因为想象力丰富，阅读的东西又多，加之语法知识掌握得好，所以他的作文写得相当生动，常受到老师们的称赞。

17岁那一年，他考进了波恩大学，攻读法律。大学的生活使他置身于一个广阔的知识海洋之中，他专心致志地学习科学和艺术。他除了学习法学课程之外，还选修了文化史和文学艺术史课程等。

他潜心研究文学艺术，怀着强烈的创作欲望，并希望在这方面施展自己的才华。他开始翻译古罗马诗人的作品，使自己在这方面得到更多的锻炼。他还利用空余时间写诗，既有讽刺诗，也有叙事诗，还有抒情诗，借此抒发自己对亲人的思念。

马克思写的诗感情真挚，但在艺术上并没有什么独到之处。马克思善于剖析自己。他认为文学应当接近实际，而不应当漫无边际地遐想，玩弄辞藻不能代替诗意想象，形式主义既没有鼓舞人心的东西，也没有振奋人心的思想。后来他认识到写诗并不是自己的所长，自己或许永远也不能成为一位真正的诗人。

意识到这一点后，他毅然把存留在身边的诗稿付之一炬。从此之后，马克思便集中精力，在自己擅长的哲学和政治经济学领域里刻苦耕耘，并最终和恩格斯共同创立了马克思主义学说。

一些先贤早年也是以己之短试图有所突破，但他们一旦顿悟，就会果断地修正人生目标，发挥自己的优势、潜能，终有所成。在选择人生努力的方向时，我们只要确定了最能使我们的长处得到充分发挥的目标，锲而不舍地走下去，就可能获得成功。

用自己的优势去对标别人的劣势，事半功倍；

用自己的劣势去对标别人的优势，事倍功半。

如何发现自己的优势？

我们可以通过以下4个标志找到自己的优势。

西蒙学习法：
如何在短时间内快速学会新知识

（1）Success（成功）——充实、高效、创造力和成就感。

当我们做某类事情时，比别人做得更快，比别人更善于发挥，能一气呵成，这就是一个信号。例如，同样是写一篇文章，别人从构思到完成可能要花费很多时间，也许想了很久也毫无头绪。但有人却思如泉涌、信手拈来、妙笔生花。这当然代表着这个人在这方面比别人更有天赋。

（2）Instinct（直觉）——期待、兴奋、吸引力和探索欲。

当看到别人在做某件事时，我们心里是否会有一种"我也想做这件事"的召唤感；我们是否有过在日常的工作、学习和生活中，对某种刺激感到很兴奋，而对其他刺激无动于衷的情况？我们是否有过很愿意做某件事而且能做好的情况。这些都是重要的信号，它表明了我们潜在的、独特的优势所在。

漫画家朱德庸说，他仍依稀记得他的第一幅漫画。他说："大约四五岁时，有一天我非常激动，好像有一支笔一直叫着我的名字，说用我来画漫画吧。"这恰恰是一个重要的信号，幼年的朱德庸没有忽视这个信号，马上拿起笔画起来，一画就是几十年。

（3）Growth（成长）——轻松、简单、专注力和求知欲。

我们在做某类事情时无师自通，这会是一个重要信号。一个班的学生都是学习同样的课程，接受同样的教育，但对不同科目，大家的学习能力有所不同，这使得学习成绩会有很大的差异。

很多人可能会发现，自己在做一些事情时需要学习，需要不断地去修正和演练；而在做另外一些事情时，几乎是自发的，不用想就能依靠本能完成这些事情。

有些人在某些方面具备出众的能力，即便没有接受过相关的教育与培训，依然可以驾轻就熟。比如流行歌手戴佩妮、郑智化不识五线谱，却创作出了不少颇受好评的歌曲。有销售天赋的人，天生就可以很快拉近和陌生人的距离，并且容易与别人保持良好的关系。

（4）Needs（需求）——想要、需要、存在感和满足感。

有个广为流传的演讲叫《你究竟有多想成功》（*How bad do you want it*），演讲里说："大多数人说想要成功，但大多数人只是嘴上说说。他们对成功的渴望还比不上他们想要去派对的渴望，比不上他们想要购物的渴望，甚至比不上他们对睡觉的渴望。"有多想做成某件事，决定了有多大可能做成某件事。

我们有没有非常渴望去做的事情？当我们完成某件事时，是否产生了满足感？当我们运用某些能力时，是否感觉到开心和欣喜？这都会是我们内心对某个方面有"需求"的信号。

当某个方面对我们来说同时满足以上 4 点时，不要犹豫，那一定就是我们要找的东西——优势！

以科学减重为例！如何设定一个可行的好目标

目标是从哪里来的呢？

目标 = 期望 - 现状。

期望，是自己想要实现的状态。

现状，是自己当下真实的状态。

有了这个公式之后就可以明确目标了吗？

还不可以，还需要经过复盘和验证，让目标符合 SMART 原则。

如何做呢？我们来看一位女士减肥的例子。

减肥是简单的麻烦事。说它简单，一是因为减肥的启动容易，二是因为减肥的原理简单，只需要"管住嘴，迈开腿"；说它麻烦，是因为减肥的过程比较艰难，许多人进行一段时间后就放弃了。但本质上，减肥失败是目标和方法有问题。

一位女士觉得自己体重较重，想要减肥。

这时候，她的期望是更轻的体重，现状是觉得自己体重比较重。目标明确了吗？

没有！因为更轻的体重并不是一个有效的目标，不符合 SMART 原则。

这位女士现在的体重是 70 千克，她想在 3 个月后，把体重减到 50 千克。这 3 个月的时间和体重由 70 千克到 50 千克之间的 20 千克，就是她的减肥目标。

到这里结束了吗？还没有。

3个月内，体重由70千克减到50千克，这个目标科学吗？会不会对身体有害？

这位女士计算了身体质量指数（Body Mass Index，BMI），根据健康人体的身高和体重的比例，她减到55千克已经是健康体重的最低值了。到55千克之后，她就不需要再减肥了，再减的话就是不健康了。

为了保证自己的健康，她决定自己减肥后的体重要比健康体重的最低值再大一些，把减肥的目标定为：3个月内，体重由70千克减到60千克。可是，这个目标就科学吗？

她后来咨询了减肥方面的专家。专家给她的建议是，3个月内减少10千克体重对身体来说是不健康的。另外，减肥是长期的，即使她在3个月内用尽各种方法减了10千克，但如果生活方式没变，迟早会反弹。所以这个目标也不科学。

科学的减肥目标，不应该只关注体重，更要关注生活方式的改变。

专家建议，不如把目标设置成用6个月的时间，养成一种良好的生活习惯。在这期间，自然就能实现减重10千克。好的生活习惯不仅能让人长期维持合理的体重，还能保持身体健康。

这个生活习惯包括两部分，第1部分是控制饮食；第2部分是每天跳绳。控制饮食是为了控制能量摄入，每天跳绳是为了增加能量输出。

这里总结一下。

1.动机

这位女士在不断深入地了解中，明确了正确的减肥动机——为了健康而减肥，而非为了好看舍弃健康。

2. 选择

这位女士选择的减肥方法，是相对比较科学健康的减肥方法。

3. 目标

通过不断修正，她将目标设定为用 6 个月的时间养成一种良好的生活习惯。

4. 拆分

这位女士根据目标，制订了详细的减肥计划。

5. 集中

接下来，这位女士要做的就是按照减肥计划开始实施。

有些目标从一开始就错了，有些目标注定无法达到。从这位女士减肥的案例中，我们能够看到目标形成的过程。制定目标不仅要看清期望与现状，要时刻遵循 SMART 原则，还要考虑实现的方法，通盘考虑目标和实现目标的方案，并且要不断验证目标的有效性和合理性。

零基础 4 个月通过法考，实现不可能的目标

西蒙是一个有目标、有规划的人。他会根据目标，规划自己学习和研究每个领域需要的时间。当然这个方法并不是西蒙独创的。事实上，有目标后，就要有针对目标的具体行动计划，这不仅是学习的需要，也是通用的做事方法。

国家统一法律职业资格考试（以下简称"法考"）的难度很高，但只要有目标、有规划，学习方法得当，就算学习成绩不好的学生也可以通过该考试。

知乎平台上的"好好"晒出了自己如何用 4 个月时间，在零基础、非法律本科专业的情况下，通过法考的经验。

1. 动机

好好期望拥有好的职业发展前景，但自己并不算学习能力很强的"学霸"。好好在一所普通二本院校读书，大学时期曾经挂过 9 门课，平均绩点 2.3，甚至在决定参加法考时，自己还有两门课没有完成重修。好好需要一个能让自己获得更好职业发展前景的途径。

2. 选择

好好选择参加法考，因为法律事业是一个可以为之奋斗终生的事业，而且经验越丰富，回报越高，是一个"搭积木游戏"。

3. 目标

好好制定目标时迟疑过，在正式开始学习之前，好好经历了大约 1 个半月的迷茫期。这段时间，好好虽然有了参加法考的想法，但没有明确的学习计划。每天该学什么都没有安排，也见不到学习的成效，自我效能感很低。

好好之前就沉迷于玩游戏，这种学习状态让好好感到迷茫无措，于是又开始每天在玩游戏中度过。没有目标，没有规划，好好觉得自己不能再这样下去。

离考试还剩 4 个月，好好将目标制定为 4 个月内通过考试。

后来的 4 个月，好好把游戏中升级做任务的方法用在了学习规划中，给自己制订了详细的学习计划，不仅明确了每个月应该学什么，而且明确了每天的每个时间段应该学什么。有了清晰的学习规划，好好每天起床后都知道自己当天应该做什么。有了明确的学习目标，每天完成目标后好好感受到了自己的进步，获得了学习的成就感。

4. 拆分

在这 4 个月的时间里，好好的学习规划如下。

第 1 阶段，2 个月的时间，学习基础知识。

每天学习 6 节购买的学习课程，掌握课程所对应配套教材的两章内容。每天做 100 道题。

好好说这个阶段的关键并不在于每天一定要学很长时间，而在于培养学习的习惯，提升学习能力。另外，不要贪图资料的数量，用什么学习资料不是关键，把市面上主流的书籍和课程学好了就足够通过考试，关键是要真的用起来。

第 2 阶段，1 个月的时间，做题提升。

在这个阶段，因为没做过真题，而且还有些高阶冲刺课程没有学习，周围人和好好一开始都对通过考试不抱希望。但好好经过前一阶段的总结复盘，觉得自己有可能通过考试，于是给自己制定了客观题195分、主观题115分的目标。

好好开始以每天6节课的进度学习高阶冲刺课程。这一次，好好把讲义打印了出来，先做题，再听课。这样可以将自己拿不准的题目或出现错误的题目作为听课重点，学习效果更佳。

此外，好好开始每天做真题，把近5年的真题全部做了一遍，并且搞清楚了每道题背后要考查的知识点，甚至把选择题每个选项的对错原因都搞清楚了。做题时发现不懂的，好好便再回过去看书，让自己把每个知识点都"吃透"，不留盲区。

由于第1阶段养成了好的学习习惯，好好在第2阶段每天的学习时间都能保持在10个小时。因为第1阶段大量"刷题"，好好在这个阶段可以检验自己对知识的掌握情况，从而串联起整个知识体系，让自己对知识的理解更加深入。

当然，好好在这个阶段也曾感到迷茫，因为做题的时候经常会遇到自己不熟悉，回顾后也搞不懂的知识，还会出现在一个知识点上反复出错的情况。这让好好一度打起了退堂鼓。但因为已经上路，而且前期已经有了比较多的积累，好好不想轻易放弃，于是她很快调整心态，重拾信心。

第3阶段，1个月的时间，考前冲刺。

这个阶段的主要任务是查漏补缺，以及对考试真题的重复巩固和研究。法考每年的考点是类似的，重点知识一定会反复考，所以多做几遍真题，把真题研究透是非常有必要的。

对主观题的准备同样需要研究透真题。除此之外，解答主观题时对法条的定位很重要，所以需要掌握快速查询法条的方法。好好找了

西蒙学习法：
如何在短时间内快速学会新知识

一个类似考试系统的法条定位系统，并加以练习，提升了自己主观题的答题效率。

好好备考时用到的学习资料主要有以下 6 类。

（1）法考的线上课程。

（2）线上课程提供的配套教材。

（3）法考的模拟练习题。

（4）近 5 年的真题。

（5）线上课程提供的考前重点背诵内容。

（6）法条定位系统。

5. 集中

按照制定好的目标和规划，好好最终的法考成绩是客观题 225 分、主观题 127 分。如今的好好已经在律师事务所上班。

科学地制定目标和有效地规划学习进度是有效学习的关键，也是通过考试的关键。

4

拆分：
理清头绪，学起来更简单

第4章

拆分是一种能力，是学习能力的重要组成部分。西蒙认为，任何知识都可以拆分成不同的组块。表面上看起来再复杂、再难学习的事物，通过拆分成不同组块，对不同组块各个击破，也能够被很好地学习掌握。

4.1 学习组块：找到学习的最小单位

西蒙学习法强调把宏大的知识拆分成不同的组块。

什么是组块？

1956 年，曾任美国心理学会会长的美国心理学家乔治·米勒（George Miller）在《心理学评论》（*The Psychological Review*）上发表了一篇文章《神奇的数字 7±2：我们信息加工能力的局限》（*The Magical Number Seven, Plus or Minus Two: Some Limits on Our Capacity for Processing Information*）。米勒认为，人的短时记忆只能记住 7±2 个组块的信息。实际上，多数人短时能记住的组块的范围比这个小，大约是 3~5 个。

组块不是一个特定的符号，而是指人们在记忆时将信息划分成不同组别。

例如有这样一串数字"1 2 8 3 2 6 8 5 1 9 8"，对于多数人来说，很难在短时间内将这 11 个毫无关联的数字存入短时记忆。但如果把这 11 个数字想象成手机号码，将其分成 3 组，分别是"128"+"3268"+"5198"，记忆难度将大大降低。

原来记不住，是因为将其看成 11 个不相关的数字，有 11 个组块。根据米勒的研究成果，这个数量已经超过了人短时能够记住的组块数。后来能记住，是因为将其看成 3 个不相关的数字组，只有 3 个组块，这是多数人可以短时记住的组块数。

1个数字可以是组块，1组少于5个数字的数字组也可以是组块。1个字可以是组块，1个有意义的词语也可以是组块。例如，你、我、他，可以分别是1个组块，一共包含3个字；"你们俩""我和他""咱们仨"也可以分别是1个组块，一共包含9个字。

通过将知识拆分成适当的组块来学习和记忆，我们能够记住更多的信息。

把知识拆分成组块有什么好处呢？

1. 知识梳理

划分学习组块的过程也是知识梳理的过程。这种知识梳理能让我们更清晰地看到知识的全貌，理解知识的内涵，便于从整体上把握知识的脉络。

2. 落实计划

知识被划分成组块后，有助于据此制订、开展和实施学习计划。因为学习每个组块的内容所耗费的时间更短，所以更有可能让学习计划落地。

3. 积极反馈

划分组块的本质是化大为小。整体知识不容易学习，很难让人在短时间获得学习的喜悦。单个组块的知识比整体知识更容易学习，学会单个组块的知识后，也能收获学习的成果，让人们体会到学习的喜悦。

如何划分知识组块？

1. 从问题出发划分

从问题出发，不断推演，不断寻找需要解答的问题。当解答完这些问题后，知识组块的划分通常就完成了。

例如，学习开车都要学会什么？先学什么？再学什么？哪些组块是在正式上车前必须学会的？哪些组块是记住之后必须进行练习的？

2. 用章节目录划分

书中的章节目录本身就是作者划分好的知识组块，读者可以直接利用这些组块展开学习。阅读一本书的方法不是翻开书从第 1 个字看到最后 1 个字，而是带着问题有计划、有重点、有顺序地阅读，可以先读自己最感兴趣、最急需解决的问题对应的组块。

本章接下来还会介绍划分和运用知识组块的其他方法。

4.2 断点续传：让自己每天都能进步一些

将知识拆分成不同组块后，就可以寻找时间，对不同的组块进行学习了。

很多人学习了一会儿，思想就开小差，很难集中精力。有个词叫心流，指的是人们全身心投入一件事后，忘了时间，忘了周围环境的一种全神贯注的状态。心流当然是学习的最佳状态，但心流往往是可遇而不可求的。

学习时无法进入心流怎么办呢？当学习某一类知识后有些厌烦，精神疲劳时怎么办呢？有一个技巧可以解决这类问题，这个技巧叫断点续传，如图 4-1 所示。

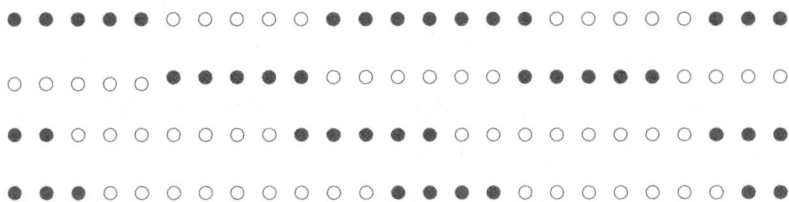

图 4-1　断点续传示意图

断点续传原本是一种互联网信息传输技术。互联网刚出现时，下载的原理是把文件看成一个整体来进行数据传输。因为当时互联网的传输速度慢，个人电脑配置普遍比较低。如果电脑在下载过程中死机或关机，不论已下载的内容有多少，不论下载到什么程度，就算已下载到99.99%，都要从头再来。

中国早期出现的一批下载软件就用断点续传技术解决了这个问题。断点续传的含义是在下载或上传时，把下载或上传任务人为地划分成几个部分，每部分采用一个线程来下载或上传。这就将原本的一个整体切分成不同的小块。

假如当前要下载某个文件，使用断点续传技术就是假设把这个文件切分成100份，再平均分成10份，然后从1到10，从11到20，从21到30……分别进行下载。

在这种情况下，如果遇到网络故障，已经下载的部分还在，等网络恢复后可以从没有下载的部分开始继续下载，而不必从头开始下载。和以前相比，这种方式大大节省了下载时间。

也就是说，断点续传的原理是通过分模块、多线程、多任务模式，解决一出现故障就要从头再来的问题。明白这个原理后，我们可以把这个原理变成一种学习的方法。

笔者在进入一个全新领域时，会先将这个全新领域的知识划分成不同的组块。分完组块后，笔者并不是按照顺序从第1个组块学到最后1个组块，而是依据当前的时间和自身的状态选择某个组块来学习。

笔者的习惯是先学习自己最感兴趣、最疑惑或与当前最急需解决的问题相关的那个组块，学完那个组块后，再从那个组块向不同方向延伸，学习其他相关组块。

例如，笔者最开始学习人力资源管理知识时，就将人力资源管理知识划分成 600 多个组块，每个组块都针对了一个实战问题，如"办理员工入职的手续是什么""员工入职可能存在哪些法律风险""员工入职培训应该怎么做"等。

断点续传学习法的好处有如下 3 点。

1. 圈住专注力

比较多的组块更容易圈住人们的专注力。划分出不同的组块，相当于明确了学习的任务量。由于划分的组块较多，感觉上任务量还是比较大的，这时我们每天都会想与这些任务量相关的内容。

就算偶尔思维跳跃，大脑开了小差，想到另一个组块的相关内容，也可以就直接学习那个组块。这就让开小差后想到的新鲜知识仍然在自己当天学习的内容范围内。

例如，采用断点续传的学习方法，笔者就很难在大脑中想象着有 600 个知识组块要学习的同时，再去想一些其他琐事。就算偶尔思维跳跃，也可能是在这 600 个知识组块之内"跳跃"。这时候可以放任自己跳过当前的学习组块，先学习那个感兴趣的组块。这样虽然思维可能会跳来跳去，但不论怎么跳，都在完成学习任务的总进程中。

2. 思维变换

大脑在学习不同类型的知识时，动用的区域是不同的。学习时，让大脑得到休息的方法并不一定是什么都不做地进行放空，还可以是学习另一类知识，动用大脑的另一个区域。断点续传的学习方法，就可以实现这个效果。

由于不同知识组块的属性是不同的，交错学习对大脑而言就是一种放松。运用断点续传原理分解学习任务，既可以从整体上保持专注，又可以让大脑得到必要的休息。

人们虽然在长时间学习，但学习不同组块的知识可能用到大脑的不同区域，从而会给大脑新鲜感。

在学校教育中，一个学期安排不同学科的课程，实际上就用到了这个原理，只不过排课的工作是别人（老师）做的。我们也可以运用这个原理自己做。

3. 进入心流

心流这个词通常指心无旁骛地做一件事时所表现出的心理状态。但心流的含义不限于此，心流状态下完全可以心无旁骛地做很多件事，而且每件事都是为整体和目标服务的。

很多人觉得心流是可遇而不可求的，所以当觉得自己不能进入心流状态时，就选择放弃做眼前的事，而去做一些无关的事。实际上，通过运用断点续传原理，人们可以通过做很多相关的、不同的事，把自己留在完成与目标相关的任务中。

即使是注意力不集中，很难进入心流状态的人，也可以运用这个方法，达到与进入心流状态类似的效果。

断点续传方法是将知识拆分成组块后进行学习的一种有效方法。它不仅可以条理清晰地划分知识组块，而且可以圈住专注力，通过思维变换让大脑休息，间接达到进入心流状态的效果，从而实现高效学习。

4.3 记忆卡片：充分利用好碎片时间

对不同的学习组块进行学习时，我们可以利用整块时间来学习，也可以把知识组块打散成更小的单位，利用碎片时间来学习。

人的记忆分成短时记忆和长时记忆。根据德国心理学家赫尔曼·艾宾浩斯（Hermann Ebbinghaus）的遗忘曲线，短时记忆转化成长时记忆需要不断地重复。记忆就是与遗忘对抗，所以需要多次、有间隔地复习。

遗忘曲线告诉我们，遗忘呈现出先快后慢的规律，随着时间流逝，记忆保留的大致比例如下。

20 分钟后，记忆保留 58.2%。

1 小时后，记忆保留 44.2%。

1 天后，记忆保留 33.7%。

2 天后，记忆保留 27.8.%。

6 天后，记忆保留 25.4%。

1 个月后，记忆保留 21.1%。

千万别以为自己是个天才，可以跳出遗忘曲线的规律。历史和经验告诉我们，每当有人这么认为时，都会付出惨痛的代价。

知道这个规律后，要想对抗遗忘，就要运用这个规律去刻意复习，找到有助于记忆的复习时间点。常见的复习时间点有 8 个：5 分钟后、30 分钟后、12 小时后、1 天后、2 天后、4 天后、7 天后、15 天后。

从中我们可以发现，放学后留作业是非常科学的做法，其目的正是加深记忆。所以不要讨厌作业，要重视作业，善待作业，做作业就是为了对抗遗忘。

学校设置的阶段性考试（如周考、月考）也很正确，只有这样，才能让短时记忆成为长时记忆。

很多人认为记忆的效果与重复的次数有关，当人们想记住某个知识时，重复的频率越高，记忆的效果越好。实际上，根据艾宾浩斯的实验结果，记忆效果不完全与重复的次数相关，还与每次重复持续的时间有关。

所以，有效的学习记忆，不仅要重复，还要保证每次重复持续的时间。如果能利用整块的时间来复习当然是最好的，但整块的时间有时比较难获得。对课业学习来说，每天上课、做作业已经占据了很多时间。一天下来，除了睡觉，很难有整块的时间。

而且每次复习时寻找需要复习的知识比较费时间。例如，某学生复习的流程是拿出课本，找到对应的位置，这大概已经过去了 3 分钟；复习一遍大约需要 3 分钟；将课本整理好放起来又需要 1 分钟。整个过程中的大部分时间其实是浪费掉了。

怎么办呢？

这时候可以使用记忆卡片，将待复习的知识写在一张卡片上。记忆卡片可以把需要复习的关键知识集中起来，且便于携带，可以放到衣兜里，随时随地利用碎片时间实现快速复习。

如何用好记忆卡片呢？

（1）按时间标记记忆卡片。在记忆卡片左上角标记需要复习的时间。根据遗忘曲线，设置复习时间点为 1 天后、2 天后、4 天后、7 天后、15 天后。例如今天是 1 月 4 日，复习时间就应该是 1 月 5 日、1 月 6 日、1 月 8 日、1 月 11 日、1 月 19 日。

（2）在卡片的正面和反面写上需要复习的知识。例如，复习英语单词时，正面写英语单词，背面写中文意思、音标和例句；复习数学公式时，正面写公式，背面写公式说明；复习历史事件时，正面写事件名，背面写事件发生的时间、地点、意义。

什么时间用记忆卡片呢？

记忆卡片适合在碎片时间使用，如在等车时、坐车时、做早操时、吃饭前、睡觉前、醒来后，都可以将记忆卡片拿出来看。

复习完的记忆卡片不要随意丢弃。将记忆卡片放起来，后续还可以继续利用。我们可以打乱顺序，随机复习，也可以用涂改液遮挡关键部分，把记忆卡片变成填空测试卡片，定期练习。

4.4　思维导图：学会利用大脑的使用说明书

如何条理清晰地拆分知识呢？

思维导图是比较优秀的工具之一。思维导图的创始人是英国头脑基金会总裁，世界著名心理学家、教育学家东尼·博赞（Tony Buzan）。他是大脑潜能和学习方法的研究专家，是世界记忆锦标赛和世界快速阅读锦标赛创始人，被称为"世界记忆之父"。

思维导图又被称为大脑的使用说明书，是被应用于记忆、学习、思考等需要高效思维的"地图"，有利于发散思维。很多人把思维导图用在工作、生活和学习中。

思维导图把看似分散的知识点连成线、结成网，使知识系统化、规律化、结构化。思维导图是学习的极佳工具。它可以帮助我们梳理各类知识点，找出知识点的相关关系，建立知识体系，实现提纲挈领式的复习。

本书的思维导图如图 4-2 所示。

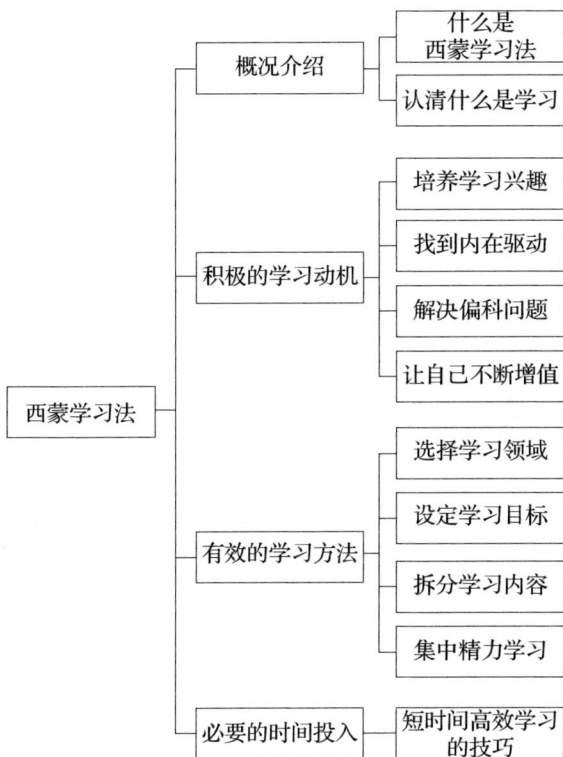

图 4-2　本书的思维导图

如何绘制思维导图?

1. 绘制中心图

在纸张中央绘制与主题相关的图像或知识点,大约占纸张面积的1/9~1/6。

2. 设计结构

确定有多少类别的内容需要在图中呈现,根据大类确定一级分支,一级分支的数量尽量控制在 7 个以内。

3. 绘制线条

用连续不间断的曲线，从中心图出发，由粗到细地连接各分支，清晰展现分支内容的层次关系。

4. 提取关键词

对分支内容进行总结，将其变成一个完整的词语，再将关键词写在曲线上。

5. 绘制小图标

在关键词旁边添加小图标，利用图标帮助大脑存储记忆。

绘制思维导图就像捡葡萄，一粒一粒地捡，一只手同时抓十几粒就很费劲了，但如果能一下子拎起一串葡萄，用两根手指就能拿起几十粒。

很多人在应用思维导图时存在以下六大误区。

1. 只看不画

思维导图的核心是整理思想，用图的形式直观地表现。

如果只是看思维导图，作用非常小，尤其很多图书的思维导图其实只是一个图形化的目录。看这类思维导图，最多能记住一两个关键点。

真正有用的，是自己画思维导图，一到自己输出的环节，会不会一下子就检验出来了。在画图的过程中，我们还可以查漏补缺。

2. 过于追求漂亮

不少书配的思维导图都很漂亮，有的还是五颜六色的。在很多教画思维导图的课程上，为了课程效果，展示出的思维导图都是花花绿绿的，看着很漂亮。有些孩子的美术功底不好，看到别人画得这么漂亮，自己就退缩了，没自信了。

其实美术功底不好也可以画思维导图。过于追求把思维导图画得漂亮，背离了思维导图的本质。漂不漂亮只是形式，千万不要只看表面。

自己绘制思维导图时，不需要考虑自己写的字难看不难看，不需要考虑画图的纸张高级不高级，不需要考虑曲线弧度是不是太大。

思维导图是给谁看的？是给自己看的，不是给别人看的。更确切地说，思维导图不仅是给自己看的，更是给自己用的。

思维导图的关键不是攀比，而是理清逻辑关系，让大脑快速记忆知识。

3. 抄袭别人

有些人偷懒，或者觉得别人的思维导图更漂亮，就直接照搬过来，这是不对的。

不要照搬别人的思维导图，一定要自己画，慢一点儿没关系，知识点不全没关系，不漂亮也没关系，重点是要"自己画"！

画思维导图的过程是促进我们大脑思考的过程，在思考过程中加深记忆。我们抄别人的图，相当于放弃了珍贵的思考过程。

我们如果很欣赏别人画的思维导图，可以先尝试自己绘制一张，然后和别人的思维导图对比，看看哪里有差别，为什么会存在这个差别？

这个思考过程也是学习的过程，等我们琢磨明白，也就把知识吸收了。当然这里再次强调，画得漂不漂亮在比较的过程中并不重要，重要的是内容。

4. 必须用软件

可以用来画思维导图的软件有很多，有的软件画出来的思维导图确实美观，很多人会纠结该用哪个软件来画思维导图。甚至有人觉得自己没有软件，就没办法画思维导图。

这也是本末倒置，和前面过于追求漂亮的道理一样，这也是在追求形式。其实随便找张纸就可以画思维导图。用笔画出来，记忆更深刻。

而且很多人不习惯用电脑，他们可能用电脑软件画了思维导图后，就把它扔到一边了。

5. 只是复制目录

这是偷懒，如果只是把课程大纲目录中的关键词堆到思维导图上，和自己掌握的知识体系是不匹配的。

目录是作者的思维导图，是满足知识呈现的需要。不同的读者有不同的收获，会基于学习产生自己的思维导图。

每个思维导图都应该是独家定制的，是适合自己的。仅仅为了画图而画图，是自己骗自己，是浪费时间，还不如不做。

6. 太过复杂

有的人面对新知识，觉得哪里都是重点，想把知识全部放进自己的思维导图中。这很正常，但笔者并不推荐这样做。

我们在画思维导图的时候，应该在整理知识前明确自己的学习目标，只整理对自己有价值的内容。

4.5 结构思维：用金字塔原理拆分知识

世界上顶级的头脑是如何解决问题的？这类方法能不能用在学习中呢？

麦肯锡公司用来解决问题的金字塔原理（The Minto Pyramid Principle）就可以运用在学习的拆分环节。麦肯锡的第 1 位女咨询顾问巴巴拉·明托（Barbara Minto）曾将金字塔原理的具体用法介绍给大众。

金字塔原理可以应用在写作、演讲等不同领域。金字塔原理强调信息的总分结构，基本应用框架是先有某个结论或中心论点，再从这个结论或中心论点延伸出论据（通常是 3~7 个），接着从论据再延伸出更多的论据（通常每个论据再延伸出 3~7 个论据）。

学习过程中，主要运用金字塔原理拆分事物的 MECE 原则。所谓 MECE 原则，指的是相互独立（Mutually Exclusive）、完全穷尽（Collectively Exhaustive）。

相互独立指的是拆分的事物间要具有独立性，甚至可能是相互排斥的，不能出现范围交叉或重叠的情况。

完全穷尽指的是拆分的事物间要具备完整性，要全面、彻底，做到不漏掉任何事物。

运用 MECE 原则拆分知识可以分成以下 3 步。

1. 明确范围

要明确拆分知识的范围是什么，明确知识的边界在哪里。

在明确范围时，要注意学习的背景、目的和期望达到的学习目标，不然可能会将很多与达到学习目标无关的知识框定在范围内。不能简单地从字面意思来划定知识的范围，不同的背景、目的或目标对应的知识是不同的。

例如要学会弹奏钢琴曲《致爱丽丝》，如果不考虑情境，只从字面意思来划分知识的边界，则需要学习的知识应包括识别五线谱、识别琴键含义等。而根据刘谦的诉求，这些知识的学习显然应当省略。

2. 找切入点

要明确按照什么逻辑来拆分知识，切入点在哪里。

拆分知识的逻辑不同，得到的结果也会有所不同。拆分的方法有很多种，常见的有以下4种。

（1）二分法。

二分法也叫是非分法，是指将事物分成两类，一类包含是什么，一类包含不是什么。例如，已婚和未婚、国内和国外、专职和兼职等。

（2）象限法。

象限法是用两条线构成坐标轴，将事物分成"是A是B""非A是B""是A非B""非A非B"4类。例如，艾森豪威尔法则中的既紧急又重要、紧急不重要、重要不紧急和既不紧急又不重要。还可以用4条线构成更复杂一些的9个象限，本书前文提到的九宫格工具就是这种情况。

（3）进程法。

进程法是按照事物发展的顺序进行分类，这里的发展顺序通常包括时间顺序或流程顺序。例如，某产品研发用时3年，每一年里分别取得了怎样的进展。

（4）组成法。

组成法是指某事物由某些因素组成，这些因素又分别由其他因素组成。例如，一辆电动汽车由哪些部件组成，这些部件是如何生产的。

3. 检查回顾

经过前两步后，我们要对知识的拆分结果做检查回顾。检查当前的拆分结果是否严格遵守MECE原则，检查是否存在遗漏或相互包含的情况，判断是否可以继续细分。

例如，某企业要实施绩效管理，张三需要选择适合企业的绩效管理工具。但张三之前并没有接触过绩效管理工具的相关知识，需要深入学习掌握后，才能在企业内部应用。

张三运用金字塔原理，将学习绩效管理工具的相关知识进行拆分，如图 4-3 所示。

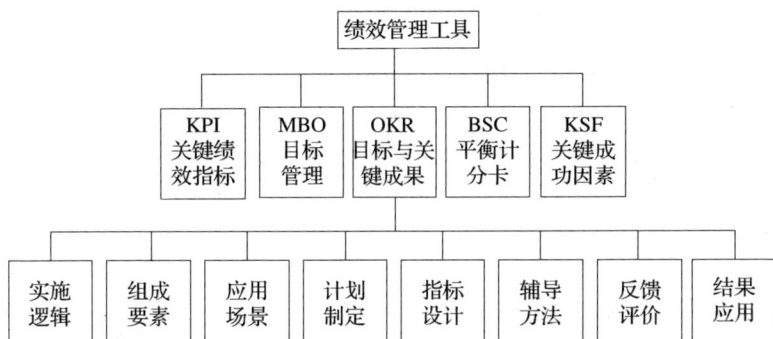

图 4-3　运用金字塔原理学习绩效管理工具

要学习绩效管理工具，首先要对绩效管理工具进行分类。目前都有哪些主流的绩效管理工具呢？

根据盘点，目前主流的绩效管理工具有 5 个，分别是关键绩效指标（Key Performance Indicator，KPI）、目标管理（Management By Object，MBO）、目标与关键成果（Objectives and Key Results，OKR）、平衡计分卡（Balanced Score Card，BSC）、关键成功因素（Key Success Factor，KSF）。

要从哪些角度来学习这些绩效管理工具呢？

每个绩效管理工具有不同的实施逻辑、组成要素、应用场景，在计划制订、指标设计、辅导方法、反馈评价和结果应用上也有所不同。从不同角度学习和研究这些绩效管理工具，有助于更快掌握不同绩效管理工具的本质，更快学习到这些绩效管理工具的用法。

开始学习之前，可以运用金字塔原理，遵循 MECE 原则，对知识进行拆分。

4.6　幂次法则：抓住关键点事半功倍

对于语言环境不是粤语环境的人来说，如果将学习目标设定为完整地唱一首粤语歌，要如何操作呢？传统的做法是先学习粤语的语法，学会粤语的发音，能够用粤语流利对话，从而学会唱粤语歌。完整做完这一过程，至少需要一年时间。

为了学唱一首粤语歌，要先花一年时间学说粤语，这显然会让很多人望而却步。但其实有一种更简单的方法能够快速学唱一首粤语歌：用普通话的谐音来标注粤语歌的发音。

这虽然不是一种常规的学习方法，却是可以迅速达到学习目标、享受学习成果的简便方法。其原理类似于刘谦和邢国芹出于兴趣学习弹钢琴，不需要先学乐理，可以直接学弹奏。

如果学习目标是成为这个领域的专家，当然应该系统地学习，但如果学习目标只是达到某种状态，则没有必要系统地学习。

这时候，划分出重要的和非重要的内容，找到关键点进行突破，就可以实现快速学习，从而达到学习目标。

经济学家维尔弗雷多·帕累托（Vilfredo Pareto）提出过幂次法则，也叫 80—20 法则，其含义是 20% 的重点工作创造 80% 的主要价值，80% 的非重点工作只创造剩余 20% 的价值。

对于不会说粤语的人来说，学唱一首粤语歌，要系统地学说粤语这件事就是不重要的 80%，它需要付出大量时间和精力，但对实现目标的贡献很小；用已知语言的谐音快速掌握粤语歌中每个字的发音，就是重要的 20%。

幂次法则不仅在学习领域有效，也可以用来指导日常的工作决策。

想象有这样一家连锁零售公司，这家公司一共有 200 家门店，对应着 200 位店长。根据门店的业绩情况和这 200 位店长的能力情况，这家公司对店长进行了排序。排名越靠前代表能力越强，排名越靠后代表能力越差。

假如这家公司的培训资源有限，只能对当前 200 位店长中的 100 位进行培训，是培训排名在前 100 位的店长更好，还是培训在排名后 100 位的店长更好呢？

很多人会认为应该培训排名在后 100 位的店长，理由是这些店长相对来说表现更差，培训不就是为了让差的变好吗？排名在前 100 位的店长已经表现得比较好了，看起来好像不需要补充更多的知识或技能，似乎对排名在后 100 位的店长进行培训的效果更好。

但实际上，根据幂次法则，应该优先培训排名在前 100 位的店长。为什么呢？因为重要的 20% 的人创造了 80% 的价值，在 200 位店长中，大约排名在前 40 位的店长创造了公司 80% 的价值。排名在前 100 位的店长创造的价值大于 80%，排名在后 100 位的店长创造的价值小于 20%。

这里为了简化逻辑，直接将排名在前 100 位的店长创造的价值明确为 80%，排名在后 100 位的店长创造的价值明确为 20%。假如培训能整体提升 10% 的效能，排名在前 100 位的店长提升 10% 的效能后，可以将创造的价值提升 8%，排名在后 100 位的店长提升 10% 的效能后，只能将创造的价值提升 2%。从投入产出最大化的角度来看，当然应该优先培训排名在前 100 位的店长。

这个案例可不是什么纸面谈兵，这是在一家真实的零售公司中发生过的，而且这家公司发展迅猛，如今已经是 A 股上市的大型零售公司。笔者曾经在这家公司担任人力资源总监，这个决策逻辑就是当时笔者和这家公司的总经理一起研讨确定的。

笔者是在这家公司规模不大、没有上市时入职的。笔者入职时，这家公司刚有 200 多家门店，后来发展到接近 1000 家门店，由一家名不见经传的公司，成长为一家全国排名前 10 位的跨地域零售公司。

这家公司发展初期资源有限，采取的就是这种培训学习策略。先让排名在前 100 位的店长参加高费用、高质量的培训，再让排名在前 100 位的店长分享学习心得，并一对一影响和帮带排名在后 100 位的店长。

定好学习目标后，不要一上来就投入学习，学习前先运用幂次法则找到重要的 20%，优先学习这 20%。这样做不仅能大幅度提高学习效率，而且能让自己快速收获学习成果，增强信心。

4.7 资源获取：如何有效获取学习资源

有了待学习的组块后，到哪里去找学习资源呢？

大部分人找学习资源，第 1 个选择是上网搜索。这种方法看起来很快速，却很容易让人陷入困境，因为网络是个"无底洞"，信息特别多，这里翻翻，那里看看，一不小心，可能几天都找不到。

第 2 个选择是买书。书虽然好，但也有问题，因为泛读很难让人在短时间内真正学会，一般人要把一本书里面的内容全部消化至少需要一周的时间。当然，这里的前提是选对了书。市场上同一主题的书鱼龙混杂，挑书时要擦亮双眼。

在这个信息爆炸的时代，信息早已经多到让人无法负荷，所以有效地扩充学习资源最需要做的绝不是增加信息，而是筛选和删除信息。

常见的可以获取学习资源的途径有以下4种。

1.人

要获取学习资源，可以先找到比较有经验、了解方法的人，问这些人应该怎么做。这些人包括上级、同事、同行、同学、老师等。

2.事

除了人之外，可以找到做得比较成功的案例，也就是找到最佳实践案例，研究、总结和学习最佳实践案例。

3.网

我们通过关键词搜索功能，可以在互联网上检索到很多相关信息。互联网上还有很多问答类网站可以提供有针对性的内容。

4.书

多数领域都有相关的书籍。相对来说，书籍的知识最系统，内容相对全面。我们通过阅读相关书籍，可以比较系统地学习该领域的知识。

这4种获取学习资源的途径没有绝对的好坏之分，各有优缺点，如表4-1所示。

表 4-1　4 种获取学习资源的途径的优缺点

途径	优点	缺点
人	有助于解决具体问题，快速、精准地得到答案，可以就知识展开研讨	受限于人的知识和经验，可能带有一定主观性
事	优秀经验和成功案例可以给人很多启发，有助于总结出方法论	个体不能代表整体，一次成功并不表示每次都能成功
网	能快速检索，知识体量大，能快速、精准地找到大量相关信息	知识不系统且鱼龙混杂，真假难辨，难以鉴别知识的有效性
书	知识比较系统，能使人就某一问题建立较全面的认知	需要学习理解后举一反三，不一定能快速、精确地解决问题

每种获取学习资源的途径都有缺点，所以在寻找学习资源时，最好不限于单一的资源。

如果是基于某个具体问题展开的学习，可以参考如下步骤。

第 1 步，从寻找有经验的人开始，根据问题，找到有经验的人进行询问。

第 2 步，寻找身边的成功案例，研究案例，萃取方法论。

第 3 步，到互联网上找答案，看有没有相关的知识能给自己启发。

第 4 步，系统地看书，了解知识的全貌。

如果是一开始就希望系统地学习，可以参考如下步骤。

第 1 步，找到这个领域所有的经典书籍，认真阅读。

第 2 步，到互联网上找相关知识，做延伸学习。

第 3 步，找实际应用知识的案例，验证知识的有效性。

第 4 步，找到在这个领域有研究经验的人，与其研讨或向其请教。

总之，获取学习资源的途径并不是只有书，还可以有人、事、网。交叉利用这4种途径，有助于我们更全面地学习。

4.8　象限盘点：艾森豪威尔法则

　　待学习的知识较多，但时间有限，如何明确先学习什么，再学习什么？

　　很多人说："不是我想拖延，我也知道某件事很重要，可我很忙，手边一直有事，忙着忙着，就没时间做那件重要的事情了。"

　　笔者有个高中同学，成绩中等偏下，但学习态度很认真，每次都特别认真地整理笔记、抄写错题、装订试卷，她一切都做得井然有序，井井有条。

　　笔者有时候看她花很长时间整理试卷，用不同颜色的笔标注，便提醒她那些都是形式，关键是要去学习和理解试题。她总是说，那些等我整理完再说。

　　结果是，她的成绩一直没有提高，还时常感叹时间不够用。其实大家的时间都是一样的，问题出在她不懂得如何用时间，让一些容易完成的小事占据了自己的时间。

　　她的这种行为状态实际上是在追求即时的满足感。整理、抄错题、用不同颜色的笔标注，这些简单的小事能快速给自己带来成就感，让自己觉得"我好像做成了某件事"。但和真正的学习比起来，这些事显然都不重要。

　　这类同学看似是被很多不重要的事占据了大量的时间，但本质上也是一种拖延，是对重要事项的拖延，正如俗话说的"捡了芝麻，丢了西瓜"。

要解决这类问题，我们可以运用艾森豪威尔法则。

艾森豪威尔管理时间时，根据重要程度和紧急程度将事情分成4类，分别是既紧急又重要的事、重要不紧急的事、紧急不重要的事和既不重要又不紧急的事，如图4-4所示。

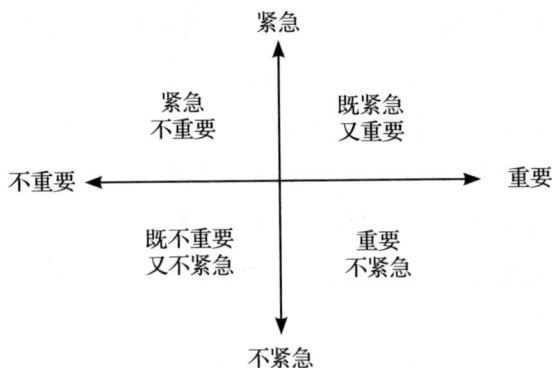

```
                      紧急
                       ↑
                       |
        紧急           |      既紧急
        不重要         |      又重要
                       |
不重要 ←───────────────┼───────────────→ 重要
                       |
        既不重要        |      重要
        又不紧急        |      不紧急
                       |
                       ↓
                      不紧急
```

图4-4　艾森豪威尔法则

为什么不同人的学习效果不同呢?

答案是学习效率不同。学习效率高的人，运用有限的时间做了对学习更有帮助的事；而学习效率低的人，可能做了很多对学习帮助甚微的事。

每个人的时间是有限的，当一个人总是做那些紧急不重要或既不重要又不紧急的事情时，时间很容易被填满。让自己"看起来很忙"一点儿都不难，但要忙得有价值、有意义并不容易。

其实很多人知道学习是最重要的，但有时候总是被"小明给我发信息了，我怎么回复他呢""我家猫是不是该换猫砂了""明天该穿

　西蒙学习法:
　　　　如何在短时间内快速学会新知识

哪双鞋呢"等小事占用时间。

当然，在学习这件事上，也有主次之分。分清楚待学习知识的主次关系，也能显著提高学习效率。例如，弄懂一道题的解题原理和相关知识点，远比把这道题抄进错题本更重要。

将知识划分成组块后，在正式开始学习前，要对不同的组块划定优先级。那些与当前最需要解决、最重要的问题相关的知识应当优先学习。

学习的时间总是有限的，在这有限的宝贵时间里，我们要多做重要的事，避免被不重要的事占用时间。

4.9 突破瓶颈：区别真学习和假学习

很多学生会疑惑，自己每天回家也在认真写作业、背课文、做题，也花费了大量时间，为什么成绩却不好呢？

答案很可能是，这些学生每天在做的并不是学习，而是在重复验证那些已经知道的，或者与自己已经知道的知识相关的知识。

西蒙认为，学习内容不能太简单，否则人们会认为自己已经学会了这些知识，容易注意力不集中；学习内容也不能太难，否则人们会望而却步，不容易理解并学会，也会让人疲劳。

真正的学习，要不断突破自己现有的能力圈。这就需要人们跨越舒适区，进入成长区。心理学家把人们应对各种情况的心理状态分为 3 个层次：最里面的第 1 层叫舒适区（Comfortable Zone），向外扩展的第 2 层叫成长区（Growth Zone），再向外扩展的第 3 层叫恐惧区（Panic Zone），如图 4-5 所示。

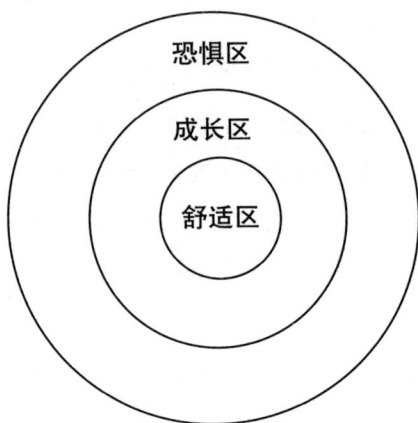

图 4-5　舒适区、成长区和恐惧区

　　每个人都有自己的舒适区，在这个区域里人们会感觉很舒服，一旦离开了这个区域就会感到不舒服。成长区就是刚踏出舒适区一些，但可以通过学习来适应的区域。

　　所有的学习都必须在成长区内完成。如果把自己逼得过紧，则有可能进入恐惧区。在恐惧区里，人们因为把所有精力都用于应对自己的焦虑和恐惧，所以没有多余的精力去学习。

　　1908 年，心理学家罗伯特·耶克斯（Robert Yerkes）和约翰·多德森（John Dodson）提出，人们在相对舒适的心理状态下的表现是稳定的，然而这时候人无法达到最佳表现，需要增加一点儿焦虑，也就是增加比正常状态略微多一点儿的压力来使人们达到最佳表现。

　　增加的这一点儿焦虑被称为最佳焦虑（Optimal Anxiety），实际上就是指把人们从舒适区推到成长区，但还没有推向恐惧区的适当助推力。

　　西蒙学习时，就不断运用这套逻辑，走出自己的舒适区，获得真正的学习成长。

西蒙很喜欢学习外语。他在高中时期就学习了 2 年德语，后来又学习了 4 年拉丁文。大学时他开始学习法语。之后西蒙就一直在学习其他语言。通过自学，他后来可以翻阅 20 种语言的文献和专业书籍，能阅读 12 种语言的文学作品。

西蒙认为，很多人学不好外语是因为怕丢面子，不愿意再做回一个不懂语言的小孩，不愿意在别人面前表现出自己的语言水平较低。实际上，哪怕是人们都认为很难学的匈牙利语、土耳其语或汉语，只要不怕丢面子，大胆地去学，都是可能学会的。

已经学会的外语和"要面子"，就是西蒙的舒适区。不断学习新的外语和"不要面子"，就是西蒙的成长区。

人有一个习惯，总喜欢在舒适、熟悉的环境中待着，这种环境一旦被构建，人们就会对其无比依赖。

熟悉的地方，没有风景。

苹果公司前副总裁海蒂·罗伊森（Heidi Roizen）说："如果你做的事情毫不费力，就是在浪费时间"。

如果人们在学习时觉得很舒适，没有情绪上的波澜，说明自己还待在舒适区中，这时候学到的通常是自己以前已经知道的。有效的学习都是带有一定情绪的，喜欢接受新事物的人通常表现出正面的情绪，不喜欢接受新事物的人一般表现出负面的情绪。

舒服是换不来经验的，经验大多数情况下来自不舒服。

笔者在学习过程中发现，如果大部分时间自己都在拍着大腿说对方说的真对，这种情况多半是学不到东西的。因为这其实只是巩固了自己当前的认知，没有得到新的认知，认知边界没有被扩展。

如果发现对方说的好像有问题，尤其是发现对方有个结论无法认同时，笔者会开始研究对方为什么会得出这个结论，为什么这么想，尝试站在对方的思维角度去思考问题，这个过程反而能让自己学到很多东西。

有了这个认知后，笔者发现自己以前很多的"醍醐灌顶"其实是假"醍醐灌顶"，是由多巴胺分泌带来的"爽感"，是接受了一些娱乐化的内容。这些内容是被包装出来的"垃圾食品"，虽然好吃，但没营养。

绝大多数人不会喜欢学习的过程，人们喜欢的是学习为自己带来的结果，或者更确切地讲，是学习为自己带来的好处。

能有效增长知识、获取经验、扩展边界的学习，过程通常是伴随着一些"不爽"的，学习之后的结果应该是"爽"的。那些让人很"爽"的学习过程，得到的学习成果反而很可能是"不爽"的。

专栏

如何把一个宏大的领域拆分成更易学的小组块

组块学习原理可以用在任何学科的学习中，大到学习人工智能知识，小到学习如何开车，都可以将待学习的知识拆分成多个组块。根据每个学科领域的大小，以及对组块划分的精细程度，将知识划分成不同的组块。

以人力资源管理实战知识的学习为例。一位人力资源从业者想要系统地学习人力资源管理知识，如何划分学习组块呢？

直接将人力资源管理师考试的知识体系作为人力资源管理实战知识的学习组块可以吗？

答案是不可以。人力资源管理师考试所涉及的理论知识的学习逻辑和组块划分与实战领域的学习是不同的。

在人力资源管理师考试所涉及的理论知识学习领域，人力资源管理知识被分成六大模块，而且每个模块的理论化程度较高，并不能指导实战工作。人力资源管理实战知识的组块划分，是以解决实际问题和满足实际工作需要为导向的。

如何划分人力资源管理实战知识的学习组块呢？主要有以下 4 种途径。

1. 实战工作

学习人力资源管理实战知识的最终目的是为实战工作服务，根据实战工作的需要拆分知识组块才是对症下药。实战中，企业的需求、上级的要求、业务部门的诉求及人力资源部门的功能职责定位需要都是划分学习组块的重要依据。

2. 实战类书籍

人力资源管理实战知识的学习组块的划分还可以参考人力资源管理实战类书籍。好的人力资源管理实战类书籍并不是通篇写"是什么"，而是介绍"是什么"后，再介绍"为什么"，并重点介绍"怎么做"。

这一点，管理类畅销书作家任康磊老师的系列书籍做得就非常好。任康磊老师的人力资源管理实战类书籍不仅实战知识系统、完善，而且案例丰富，能很好地指导实战工作，满足实际工作和学习的需要。

3. 实战类课程

一些人力资源管理实战类课程也为划分人力资源管理实战知识学习组块提供参考依据。任康磊老师在喜马拉雅平台上有一套共211节的人力资源管理实战音频课程，课程目录本身就是人力资源管理实战知识学习组块划分的依据。

4. 个人经验

实战类知识与个人经验的关联性较大，"过来人"的建议有助于快速学习实战知识和技能。经验丰富的专家、颇有心得的前辈、工作多年的同事对实战类知识的总结提炼能给出有益的建议。当然，个人的工作经验也可以派上用场。

经过对前面4种途径的了解和总结，我们可以将人力资源管理实战知识划分成27个模块，520个组块，如表4-2所示。

表 4-2　人力资源管理实战知识划分

模块	序号	组块
实战基础	1	实战中的人力资源管理模块
	2	人力资源工作创造价值的金字塔模型
	3	实战人力资源发展演化的 4 个阶段
	4	灵活用工：如何用好非全日制员工
	5	灵活用工：如何用好劳务派遣
	6	灵活用工：如何用好劳务外包
	7	灵活用工：如何用好学生实习
	8	灵活用工：如何用好劳务用工
	9	灵活用工：如何用好委托代理
	10	灵活用工：如何用好承包经营
	11	灵活用工：如何用好平台用工
	12	如何应用集体合同
	13	如何选择和应用不同的工时制度
	14	实习、试用、见习期分别如何运用
岗位管理	15	如何划分岗位的权、责、利
	16	用劳动效率法测算岗位定编
	17	用预算控制法测算岗位定编
	18	用业务流程法测算岗位定编
	19	用行业对标法测算岗位定编
	20	岗位族群、序列、角色设计
	21	规范的岗位说明书编制方法
	22	观察分析法实施岗位分析
	23	岗位访谈法实施岗位分析
	24	工作实践法实施岗位分析
	25	问卷调查法实施岗位分析
	26	岗位排序法实施岗位价值评估
	27	岗位分类法实施岗位价值评估
	28	因素比较法实施岗位价值评估
	29	要素记点法实施岗位价值评估
	30	代岗员工如果出错，如何问责
能力管理	31	岗位胜任力模型的维度划分

模块	序号	组块
能力管理	32	岗位胜任力模型的组成要素
	33	总结归纳法构建岗位胜任力模型
	34	战略推导法构建岗位胜任力模型
	35	引用修订法构建岗位胜任力模型
	36	构建岗位胜任力模型的典型案例
	37	胜任力模型在人才招聘选拔中的应用
	38	胜任力模型在人才培养评价中的应用
人力规划	39	企业战略与人力资源策略
	40	人力资源规划实施方法
	41	制订人力资源计划的 5 个关键
	42	人力资源规划贴近价值的 4 个维度
	43	人力资源管理的 3 条价值链
	44	人力资源部的组织机构设计
人才招募	45	招聘成功的公式
	46	招聘管理体系设计
	47	招聘管理制度编制方法
	48	招聘计划编制方法
	49	有效实施人才招聘的 4 个步骤
	50	人才画像的描绘和测试方法
	51	招聘渠道的七大类别与应用
	52	网络招聘渠道的应用方法
	53	实施校企合作的 5 个步骤
	54	实施校园宣讲会的 5 个步骤
	55	实施校园双选会的 5 个步骤
	56	社会招聘渠道的应用方法
	57	内部招聘渠道的应用方法
	58	传媒招聘渠道的应用方法
	59	外部合作招聘渠道的 3 种应用
	60	选择外部招聘合作机构的 3 个注意事项
	61	与猎头公司合作的 5 个要点
	62	政府协会招聘渠道的应用方法
	63	招聘费用预算控制方法
	64	招聘人员必须具备的六大能力
人才吸引	65	有竞争力的雇主品牌建设方法
	66	企业岗位吸引力低，怎么办
	67	编写招聘 JD 的 7 个关键要素
	68	编写招聘 JD 的三大常见问题

模块	序号	组块
人才吸引	69	编写招聘 JD 的 3 个版本
	70	编写招聘 JD 的 5 种文字风格
	71	招聘渠道流量 > 招聘广告创意
	72	提高面试赴约率的 2 个关键思维
	73	候选人不赴约的 4 种常见情况及应对
	74	面试邀约前的 5 项准备
	75	面试邀约的步骤与话术
	76	面试邀约的 4 个操作细节
	77	面试邀约的 4 个注意事项与改进分析
	78	高端岗位提高面试赴约率的 5 个关键
	79	面试过程实施人才吸引的 3 个关键
	80	岗位实现差异化吸引力的 3 个方向
人才测评	81	实施人才测评的五大作用
	82	应用人才测评的 4 个误区
	83	人才测评的主要工具和方法
	84	实施人才测评的 3 个注意事项
	85	推行人才测评的 3 个步骤
	86	用心理问卷调查实施人格心理测评
	87	用情景模拟测评实施人格心理测评
	88	用投射测评技术实施人格心理测评
	89	DISC 职业性格测试
	90	PDP 职业性格测试
	91	霍兰德人格与职业兴趣测试
	92	MBTI 职业性格测试
	93	大五人格测试
	94	16PF 卡特尔人格测试
	95	九型人格测试
	96	LASI 领导风格测试
	97	舒伯职业价值观测试
	98	应用人格测评结果的 5 个注意事项
人才选拔	99	快速获得简历的 5 种方法
	100	快速筛选简历的 2 个技巧
	101	简历中个人信息分析的 3 个维度
	102	简历中工作经历分析的 3 个维度
	103	分析简历中的三大主观信息
	104	辨别简历内容真假的 3 个重点
	105	筛选简历的 3 个常见问题
	106	外部人才库的建设与维护
	107	电话面试的实施方法
	108	结构化面试的实施方法

模块	序号	组块
人才选拔	109	导入类问题在面试中的应用
	110	动机类问题在面试中的应用
	111	行为类问题在面试中的应用
	112	应变类问题在面试中的应用
	113	压力类问题在面试中的应用
	114	情境类问题在面试中的应用
	115	面试常见的 5 种误差及应对方法
	116	如何提升用人部门的面试能力
	117	面试时判断谎言的 3 种方法
	118	新手 HR 面试高端岗位的 3 种方法
	119	如何用面试获取有价值的信息
	120	背景调查的 3 个岗位类别
	121	背景调查的 9 类内容
	122	背景调查的 4 种方式
	123	背景调查的 3 个前期准备
	124	电话背景调查实施话术
	125	应对背景调查不配合的 3 个方法
	126	背景调查的 3 个注意事项
	127	薪酬谈判的 3 个步骤
	128	薪酬谈判实现双赢的 3 个技巧
	129	薪酬谈判有效实施的 4 个注意事项
	130	应届生定薪的方法
人才入职	131	编写与发放 Offer 的方法与注意事项
	132	员工入职流程与注意事项
	133	劳动合同签订方法与注意事项
	134	3 种常见的劳动合同附件的签订与注意事项
	135	员工试用期及转正操作方法
	136	新员工培训项目的 5 个阶段
	137	新员工培训实施内容
	138	集中组织新员工培训操作流程
	139	部门内部新员工培训操作流程
	140	新员工培训的 4 个常见问题
	141	保证新员工培训有效的 3 个注意事项
	142	试用期后发现员工有不良记录如何处理
人才盘点	143	人才质量盘点 > 人才数量盘点
	144	人才盘点的八大功能
	145	人才盘点的三大维度
	146	单维度人才盘点分析方法
	147	双维度人才盘点分析方法
	148	三维度人才盘点分析方法

西蒙学习法：
如何在短时间内快速学会新知识

模块	序号	组块
人才盘点	149	案例：阿里巴巴人才盘点
	150	人才梯队建设与继任者计划
人才离职	151	常见的离职种类及操作原则
	152	主动离职的操作方法
	153	劳动合同到期的操作方法
	154	员工退休与退休返聘的操作方法
	155	辞退与经济性裁员的操作方法
	156	员工离职面谈的 3 个关键
	157	劝退不合格员工的操作方法
	158	员工非正常离职的操作方法
	159	降低员工离职率的 4 个方法
	160	预防长假后离职潮的 4 个技巧
	161	离职原因分析的正确做法
	162	留不住人才的三大底层原因
	163	提高员工满意度不会降低离职率
	164	系统实施人才保留的方法
	165	提前获知员工去留动态的 3 个关键
	166	缺乏物质激励留住人才的 3 个方法
	167	如何用好离职后的人力资源
	168	人才保留成功的评价标准
人才培养	169	企业培训≠实施教育
	170	实施员工培训的三大作用
	171	成年人学习的动机来源
	172	成年人学习的 4 个特点
	173	成年人学习的 4 个阶段
	174	保障成年人学习的 7 个方法
	175	培训管理的定位与分工
	176	用人部门不重视人才培养怎么办
	177	培训管理发展的 4 个阶段
	178	培训管理体系建设的三大层面
	179	编制培训管理制度的九大模块
	180	培训管理资源层面的六大模块
	181	培训管理运作层面的六大模块
	182	搭建培训管理体系的八大原则
	183	搭建培训管理体系的 6 个注意事项
	184	培训工作如何支持战略
	185	外派员工培训管理流程
	186	从工具层面提高培训效能
	187	年度培训计划的 3 个类别
	188	基于人才培养的培训计划

続表

模块	序号	组块
人才培养	189	基于绩效提升的培训计划
	190	基于体系建设的培训计划
	191	培训需求分析的三大作用
	192	宏观培训需求的三大来源
	193	微观培训需求的计算公式
	194	临时培训需求的三大来源
	195	培训需求分析的8种方法
	196	培训需求量化与确认方法
	197	培训需求汇总与计划制订
	198	高潜力人才的五大特质
	199	师徒制的实施流程
	200	师傅选拔与技能传授方法
	201	如何保证师徒制有效落实
	202	师徒制运行检查与评估方法
	203	培训讲师的两大来源
	204	内部培训讲师选拔与激励
	205	外部培训讲师选拔与管理
	206	培训课程开发的七大种类
	207	培训课程结构设计的4个模块
	208	培训课程开发的4个步骤
	209	常见的4类培训形式
	210	培训资料库开发与管理
	211	设计不同管理层培训内容
	212	制定培训目标的方法
	213	培训目标分解的3个步骤
	214	培训方案制定流程与检验方法
	215	实施培训的步骤与注意事项
	216	培训开始前评估的3个维度
	217	培训运行中评估的3个维度
	218	培训结束后评估的4个维度
	219	培训评估工具选择
	220	培训效果转化的4个环节
	221	培训结果追踪的6种方法
	222	"互联网＋"培训管理模式
	223	如何实施非人的人管培训
	224	培训总结报告的写法
职业规划	225	员工职业发展过程中的4个主要角色
	226	职业发展管理的4个关键任务
	227	职业发展管理的生态系统
	228	员工职业通道建设与晋升流程

西蒙学习法：
如何在短时间内快速学会新知识

模块	序号	组块
职业规划	229	员工职业发展的 4 个方向
	230	员工职业发展的 4 个周期
	231	员工职业生涯规划方法
	232	员工个人发展计划编制方法
	233	员工职业能力开发方法
	234	员工不适应岗位怎么办
	235	如何帮助员工实现职业生活平衡
	236	中小企业员工职业发展 4 个关键
考勤管理	237	考勤管理流程与关键职责
	238	考勤管理的三大工作程序
	239	考勤天数计算与打卡操作方法
	240	员工迟到、早退、旷工操作方法
	241	员工休假操作方法
	242	员工加班、补休操作方法
	243	员工外出、出差操作方法
	244	考勤管理的七大疑难问题
薪酬计算	245	计时工资计算方法
	246	个人计件工资计算方法
	247	团队计件工资计算方法
	248	集体计件工资计算方法
	249	混合计件工资计算方法
	250	如何设计计件工资的单价
	251	事假工资计算方法
	252	病假工资计算方法
	253	产假工资计算方法
	254	工伤假工资计算方法
	255	婚丧探亲假工资计算方法
	256	加班工资计算方法
	257	个人所得税计算方法
	258	个人所得税筹划方法
	259	年终奖金计算方法
	260	薪酬支付的三大策略
薪酬管理	261	薪酬管理的价值定位
	262	薪酬管理的五大原则
	263	保障薪酬管理的四大角色
	264	薪酬管理人员需具备的六大能力
	265	如何根据企业战略制定薪酬战略
	266	企业 4 个发展阶段的薪酬策略
	267	薪酬定位的四大策略
	268	薪酬结构的三大策略

模块	序号	组块
薪酬管理	269	制定薪酬策略需考虑的四大要素
	270	薪酬比例法编制薪酬预算
	271	盈亏平衡法编制薪酬预算
	272	劳动分配法编制薪酬预算
	273	自下而上法编制薪酬预算
	274	薪酬预算控制的 3 个途径
	275	薪酬结构组成要素
	276	基本工资设计方法
	277	短期物质激励设计方法
	278	长期物质激励设计方法
	279	岗位津贴的设计和应用
	280	非经济性薪酬的应用
	281	薪酬调研的四大作用
	282	薪酬调研的 4 个阶段
	283	外部薪酬调查的 4 项准备
	284	外部薪酬调查的 7 个维度
	285	外部薪酬调查渠道：政府协会
	286	外部薪酬调查渠道：专业机构
	287	外部薪酬调查渠道：企业自身
	288	内部薪酬调查的 7 个维度
	289	内部薪酬调查的步骤与问卷设计
	290	内部薪酬调查结果分析的 4 个注意事项
	291	宽带薪酬的实施原理
	292	设计宽带薪酬的 3 个流程
	293	宽带薪酬与职等职级
	294	宽带薪酬实施修正的 4 个关键
	295	实施宽带薪酬的 5 个注意事项
	296	年薪制的三大构成要素
	297	年薪制的 5 种常见模式
	298	年薪制的 3 个实施条件
	299	年薪制的 6 个应用特点
	300	如何编制薪酬管理制度
	301	薪酬方案的设计流程
	302	薪酬调整的 9 种类型
	303	年度调薪的 8 个步骤
	304	调薪时与员工沟通的方法
	305	员工降薪操作方法
	306	销售提成设计方法
	307	高管薪酬设计方法
	308	老员工的工资高、贡献低，怎么办

西蒙学习法：
如何在短时间内快速学会新知识

模块	序号	组块
福利管理	309	福利的两大种类
	310	保证福利激励效果的三大原则
	311	保障福利发放环节的激励性的方法
	312	福利在企业 4 个阶段中的应用
	313	弹性福利的 3 种常见形式
	314	以举办活动为福利时的 3 个注意事项
	315	以弹性工作制为福利时的 3 个注意事项
	316	用积分制设计福利的方法
人才激励	317	为什么物质激励有时不起作用
	318	如何激励不同类型的人才
	319	如何处理团队中的公平问题
	320	如何激发员工的动机
	321	如何综合运用人才激励工具
	322	如何有效实施奖罚
	323	保障人才激励方案有效的 3 个关键
	324	股权激励：股票期权
	325	股权激励：限制性股票
	326	股权激励：虚拟股权
	327	股权激励发挥效果的 3 个前提
	328	阿里巴巴的合伙人制度
绩效管理	329	绩效的三大含义
	330	绩效考核的 4 个维度
	331	绩效管理发挥作用的 3 个方面
	332	为什么绩效考核不等于绩效管理
	333	绩效管理发挥作用的四大领域
	334	为什么 OKR（目标与关键成果）并不比 KPI（关键绩效指标）先进
	335	绩效管理的 6 个程序
	336	如何应用 MBO（目标管理）
	337	如何应用 KPI（关键绩效指标）
	338	如何应用 OKR（目标与关键成果）
	339	如何应用 KSF（关键成功因素）
	340	如何应用 BSC（平衡计分卡）
	341	绩效管理制度编制方法
	342	绩效项目推进的 6 个程序
	343	员工讨厌绩效管理时的应对方法
	344	绩效意识推广培训的 7 个重点
	345	保障绩效管理实施的 8 个角色
	346	绩效指标的种类划分
	347	如何设计不同类型岗位的绩效指标
	348	以解决问题为导向设计绩效指标

模块	序号	组块
绩效管理	349	通过价值结构分解设计绩效指标
	350	通过战略地图设计绩效指标
	351	绩效指标质量检验方法
	352	绩效指标不是越量化越好
	353	绩效指标分解设计程序
	354	绩效目标设置方法
	355	绩效指标权重设计方法
	356	绩效管理周期设计方法
	357	绩效计划的三大种类
	358	制订绩效计划的 10 个步骤
	359	个人绩效承诺编制方法（PBC）
	360	绩效计划编制的 8 个常见问题
	361	绩效辅导的 3 个角色和作用
	362	需要绩效辅导的 5 种员工类型
	363	绩效辅导方法：书面报告
	364	绩效辅导方法：一对一面谈
	365	绩效辅导方法：会议沟通
	366	绩效辅导检查的 3 个重点
	367	绩效辅导的 5 个技巧
	368	绩效辅导的 4 种常见问题
	369	监控绩效过程的操作方法
	370	绩效信息收集流程
	371	应对绩效信息收集困难的 3 个方法
	372	人才评价民主投票和领导内定哪个好
	373	绩效评价方法：关键事件法
	374	绩效评价方法：行为锚定法
	375	绩效评价方法：行为观察法
	376	绩效评价方法：加权选择法
	377	绩效评价方法：强制排序法
	378	绩效评价方法：强制分布法
	379	绩效评价方法：360 度评估法
	380	如何选择绩效管理工具和评价方法
	381	绩效诊断的工具和实施步骤
	382	绩效诊断的 4 个注意事项
	383	绩效原因分析方法（鱼骨图法）
	384	运用价值结构法查找绩效原因的方法
	385	针对 3 类人才实施绩效反馈技巧
	386	绩效改进的 3 个维度
	387	绩效改进的 5 个实施步骤
	388	绩效结果在薪酬发放和调整中的应用

模块	序号	组块
绩效管理	389	绩效结果在员工晋升发展中的应用
	390	绩效结果在组织问题诊断中的应用
	391	绩效结果在培训改进计划中的应用
	392	绩效结果在招聘选拔中的应用
	393	绩效申诉渠道与流程
	394	绩效申诉处理与注意
	395	绩效管理常见的 6 种误差和应对方法
	396	如何解决绩效中的"鞭打快牛"问题
	397	绩效管理变成走形式，怎么办
	398	绩效管理变成挑毛病，怎么办
	399	VUCA 时代绩效管理的特点
	400	绩效管理的游戏化转变
员工关系	401	员工关系管理的 6 个模块
	402	做好员工关系管理的 4 个关键
	403	员工访谈的实施方法
	404	如何帮助员工缓解身心压力（EAP）
	405	如何做员工满意度调查
	406	如何应对员工冲突
	407	如何应对员工投诉
	408	如何应对员工吐槽
	409	如何低成本又有效地举办活动
	410	如何营造团队的平等氛围
	411	员工合理化建议操作方法
	412	工资集体协商操作方法
	413	工会制度操作方法
	414	职工代表大会制度操作方法
	415	员工劳动保护操作方法
	416	员工职业病防治操作方法
	417	工伤认定、申报与操作方法
	418	如何提高安全意识减少工伤
	419	如何解决任人唯亲的问题
	420	如何解决裙带关系的问题
	421	如何用好鲇鱼型人才
	422	业务淡季如何做好员工管理
法务相关	423	劳动争议处理方法
	424	如何减少劳动争议
	425	如何判定劳动仲裁的时效和举证责任
	426	人才招募环节的法律风险防控
	427	人才入职环节的法律风险防控
	428	人才离职环节的法律风险防控

模块	序号	组块
法务相关	429	人才离职的 4 个经营管理风险
	430	合法合规的调岗调薪操作方法
	431	如何做好对女职工的保护
	432	社会保险常见问题与注意事项
	433	养老保险常见问题与注意事项
	434	医疗保险常见问题与注意事项
	435	失业保险常见问题与注意事项
	436	生育保险常见问题与注意事项
	437	工伤保险常见问题与注意事项
	438	如何应用雇主责任险
	439	住房公积金常见问题与注意事项
	440	员工医疗期常见问题与注意事项
	441	什么是违约金、补偿金、赔偿金
	442	制度不全时，员工"违规"怎么办
	443	末位淘汰能否成为解雇员工的理由
	444	员工今年离职，该不该获得去年的年终奖
组织机构	445	纵向型组织机构
	446	横向型组织机构
	447	矩阵型组织机构
	448	网络型组织机构
	449	分权型组织机构
	450	平台型组织机构
	451	如何进行组织机构的诊断和调整
	452	如何防止出现套娃效应
企业文化	453	企业文化框架搭建方法
	454	企业文化提炼和设计方法
	455	企业如何选择适合自己的企业文化
	456	如何传播与内化企业文化
	457	如何建设跨地区分公司的企业文化
	458	仪式感如何在企业文化中发挥作用
	459	加班文化不如高效率文化
	460	只看结果的文化得不到好结果
	461	如何打造高绩效文化
	462	如何考核企业文化工作质量
流程制度	463	如何系统地汇编规章制度
	464	流程制度合法编制、通过和公示程序
	465	如何避免流程制度陷入走形式
	466	推行规章制度时，遇到员工对抗怎么办
	467	员工违规违纪时，应如何处理
	468	员工手册编制与使用

続表

模块	序号	组块
数据分析	469	典型无效的数据分析
	470	数据分析的正确认知
	471	数据分析的 3 个维度与 4 个步骤
	472	数据分析的 4 种常见类型
	473	实施数据分析的三大成本要素
	474	常见数据分析方法：对比分析法
	475	常见数据分析方法：属性分析法
	476	常见数据分析方法：图形分析法
	477	不同层级的 HR 应关注哪些数据
	478	如何用数据总结事实和聚焦问题
	479	数据评价的 4 个通用维度与改进逻辑
	480	正确计算人数的方法（人员系数）
	481	常见人力资源数量的 8 种分析
	482	员工出勤率分析
	483	招聘效果分析
	484	招聘效率分析
	485	招聘费用分析
	486	离职率的正确计算方法
	487	人才离职数量分析
	488	人才离职质量分析
	489	如何实现人才培养量化
	490	如何实现学习内容量化
	491	薪酬集中与离散情况分析
	492	薪酬偏离度分析
	493	薪酬发放情况分析
	494	人工费用情况分析
	495	劳动效率分析
	496	员工敬业度分析
	497	工伤情况汇总分析
	498	风险的量化方法
	499	人力资源三大报表：人力资本负债表
	500	人力资源三大报表：人才流量表
	501	人力资源三大报表：人力资本利润表
	502	数据分析常见错误：图形应用
	503	数据分析常见错误：数字应用
	504	数据分析常见错误：分析方法
成本管控	505	成本认知：成本无处不在
	506	人力成本的四大组成要素
	507	人力成本管控的 3 个误区
	508	管控人力成本是投资的艺术

模块	序号	组块
成本管控	509	人力资源成本管控的 4 个层面
	510	如何借助上下游降低成本
	511	评判人力成本管控质量的 5 个指标
	512	人力成本管控的 6 个步骤
工作方法	513	老板不重视人力资源工作，怎么办
	514	很多人力资源工作无法落地，怎么办
	515	HR 的很多工作老板不满意，怎么办
	516	基层 HR 没有话语权，怎么办
	517	业务部门和老板意见不合，HR 怎么办
	518	新入职 HR 如何快速融入团队
	519	人力资源部如何为企业赚钱
	520	如何做高质量的工作总结和计划

以上共有 520 个组块，每个组块的学习大约需要 15 分钟，一共需要学习大约 130 个小时。按照这个逻辑划分的组块不仅与实战工作的匹配度更高，更能实现精准有效地学习，节省学习时间，而且可以利用碎片时间高效学习。

如果你是人力资源管理从业者，或身边有想从事人力资源管理工作的朋友，推荐学习这 520 个组块。520 个组块全部掌握后，一个人即使原来没有人力资源管理实战知识和技能，也能够系统、全面地掌握相关知识，快速上手工作。

当然，如果觉得 520 个组块还不够细致，还可以对 520 个组块做进一步的细分，将每个组块再次拆分成 3~10 个下一级的组块。拆分后的组块还可以继续拆分成 3~10 个再下一级的组块。

5

集中：
心无旁骛，专注精进

第 5 章

居里夫人说："知识的专一性像锥尖，集中精力就像是锤子的作用力，时间的连续性就像不停地使锥子往前钻。"这正是西蒙学习法中集中的道理。这就像烧水，集中火力加热达到水的沸点后，水才能烧开。如果只是断断续续加热，不仅白白耗费很多能源，而且无法达到烧开水的目的。

5.1 运用本能：科学应对注意力不集中问题

很多人认为时间是稀缺资源，实际上并非如此。

不考虑寿命和意外等因素，时间对每个人都是公平的。每个人一天都有 24 个小时，除去平均 8 个小时的睡觉时间，平均 2 个小时的吃饭和洗漱时间，平均 2 个小时的交通和休闲时间，剩下 12 个小时如果全部用来学习，有多少人能完全不浪费地用完呢？

答案是几乎没有人能做到。这一点无须多讲，审视一下自己和身边人就不难发现。

稀缺，是缺少的意思，也就是人们想要拥有，但没有。关于时间，显然很多人不是没有时间，时间就在那里，都还没有用完，怎么能说没有呢？所以，时间不是稀缺的，时间是有限的。稀缺的，其实是人的注意力。

很多人学习效率低的真正原因，是很难在某段连续的时间里，把注意力集中到想学的知识上。很多人在学习时，总是东一榔头西一棒子，左顾右盼，想东想西，造成了对时间的利用率低。

在西蒙研究的认知心理学领域，有关于人注意力分配机制的研究。

人的大脑是具备信息过滤机制的。否则人们在每天的日常工作、生活中，时刻都在接受大量的信息，如果不能过滤掉一些信息，人们就无法对重要信息进行进一步的加工处理。这种信息过滤机制，可以理解为人们具备控制注意力的能力。

一般来说，人们会把注意力放在当下自己认为最重要的事情上。但人的注意力会因为一些突发状况而中断，例如忽然有人打来电话，手机铃声响了；或忽然有人发来信息，手机屏幕亮了。这时候人的注意力就很容易转到手机上。

生物心理学认为，人的这种注意力中断机制是必要的，否则，人很容易陷入一种沉浸的状态而无法自拔，感知不到周围更重要的信息。这种机制在远古时期，可以帮助人类及时发现危险，规避可能遇到的灾难。

同样地，懒也是人类的一种本能，它让人类更倾向于储能而非耗能。这个世界上不存在完全不懒的人。如果一个人一点儿都不懒，那这个人应该已经累死了。

原始时代的生存本能放在当今社会，已经成为影响很多人学习发展的问题。

许多人会把注意力不集中归结为自我克制能力弱或自我管理能力弱。例如，我喜欢玩游戏，是因为我管不住自己的"玩心"；我喜欢吃，是因为我管不住自己的嘴；我想好好学习，可我就是管不住自己。

这类人往往在心中会有这样一种假设：只要自己的自我管理能力强了，能够管得住自己了，就可以……

于是，他们开始通过网络、培训班等各种途径学习自我管理的相关知识。仿佛学成之后，自己的自我管理能力就变强了，自控力就变强了。而现实往往是，他们学来学去，最后没有太大的变化。

问题出在哪里呢？是他们在学习自我管理的过程中不努力吗？不是。是因为他们的问题其实和自我管理能力的强弱没有多大关系。

经历过高考的人都有一种体会：备战高考那段时间似乎是自己人生中学习能力和自控力的巅峰时期。那段时间每天可以没日没夜地做很多题，可以学习到很晚。到了第二天，却还是精神抖擞，可以继续奋战。

奇怪的是，同样是这帮人，考上大学以后，大部分人反而变得懒散了，没有了之前的学习劲头和毅力。假期时更是一发不可收拾，暴饮暴食、熬夜看剧、晚睡晚起都是家常便饭。

为什么会这样？因为没有目标了？这是结果，并不是原因。我们以为问题的核心是这些人曾经自我管理能力非常强的人现在变弱了，而这其实是假象。

真相是：保证我们高效运转的其实是"习惯"，而不是自我管理能力。

想一想，在高考之前那种紧张的学习氛围里，我们被动地养成了多少习惯？每天有规律地上课、自习、吃饭和睡觉，我们的目标非常明确。每个月、每个星期、每天需要学习或复习什么，老师们都替我们规划和安排得非常好。

在那种环境下，对于每天的学习，我们习以为常，就像每天早上起床后都会自动去刷牙洗脸一样。想一想我们起床后刷牙洗脸的过程：睁开眼，穿上衣服，走到洗漱台前，拿起杯子和牙刷，接水，挤牙膏，开始刷牙，刷完牙以后洗脸。即使我们睡眼惺忪，但这一套流程我们仍然能精确无比、毫不费力地执行。这个过程需要自我管理能力吗？不需要！

当人们养成每天早晨起床后刷牙洗脸的习惯之后，如果哪天早晨起床后没有执行这套程序，反而会觉得不适应。学习也是如此，养成学习的习惯后，不学习反而让人觉得不适。许多著名人物都曾说"不

西蒙学习法：
如何在短时间内快速学会新知识

可一日不读书"。这不是一句口号，而是这些人真实的习惯。

同样的道理，高中时期的学习生活，基本不需要太强的自我管理能力。而当我们进入大学以后，没有了高中的学习环境，人们便容易丢掉那些被动养成的习惯，于是出现了各种各样的沉沦和放纵的情况。

人类本能的行为是最不费劲的。注意力不集中、自制力差、懒等都是人类的本能，惯性行为也是人类的本能。科学抵抗不好的本能，关键在于如何主动地养成习惯。利用习惯，让有利于自己的行为变得不再费力。

5.2　轻松专注：高效能人士都在这样做

很多人对自制力有一种误解，认为自制力一旦形成，就"取之不尽，用之不竭"。其实人的自制力是有限的，和我们身体的肌肉力量一样。这个结论已经被诸多心理实验证实。

想象一下，当我们饥饿难耐的时候，面前有一桌大餐，全都是我们平时最喜欢吃的菜肴。我们本来可以随便吃，有人却告诉我们要克制，不能吃我们最喜欢吃的，只能就着白开水吃一张毫无味道的饼；想象一下，当我们在一个本来可以休闲放松、享受生活，做自己想做的任何事情的时刻，有人却告诉我们要克制住，不能休闲，不能玩，还要继续埋头苦干。

每拒绝一次诱惑，我们的自制力就消耗一分，如果面临的诱惑太多，总会有一个时刻，我们会"累"到无力抵抗。这个道理和我们体力劳动的消耗原理是一样的。想象一下，搬家时，我们费力地把一大堆家具从楼上搬到楼下，再抬上货车，再从货车上搬下再搬到新家里。也许用不了一天，我们就会双臂酸软、腰酸背疼，严重的可能连一杯水都举不起来——因为我们的肌肉力量耗尽了。

当然，肌肉的劳累过两天自然会恢复，自制力的损耗睡个好觉也能得到补充。不同的人，天生力气的大小就不一样，自制力的强弱天生也不一样。自制力的强弱与智商一样呈正态分布。有自制力超群的，也有很弱的，这两部分人在人群中都占较少的比例，绝大多数人都处在中间那个状态——不算好，也不算坏。

肌肉力量有极限，自制力也有极限。生活中，我们面临的诱惑如此之多，靠后天锻炼出来的自制力根本就不够用。社会里的成功人士、精英人士，其高效的工作、学习和生活，并不像我们往常以为的那样，依赖于强大的自制力，而是得益于后天构建起来的习惯体系。

如何利用我们有限的自制力，去构建这样一套体系，才是关键。但是构建习惯体系并不是一件轻松的事情，原因在于很多人不知道习惯养成背后的原理。

习惯的养成，依赖于 4 个部分：信念（Belief）、触机（Cue）、惯性行为（Routine）和奖励（Reward）。

1. 信念（Belief）

信念是习惯养成的顶层条件，是向自己解释"为什么"的问题。为什么有人要养成早睡早起的习惯，因为根据这类人的信念，这对自己的身心健康有好处；为什么有人要养成每天学习两小时的习惯，因为根据这类人的信念，这对自己的事业发展有好处。

相反，为什么有人对养成早睡早起和每天学习两小时这种习惯并不在意，因为根据这类人的信念，这跟健康和事业发展没有太大关系。实质上，有没有关系是"事实"，认为它们有没有关系就是"信

西蒙学习法：
如何在短时间内快速学会新知识

念"。强化自己的信念有助于获得精神上的正反馈和积极的动因。

我们要相信,学习一定是对自己有益的,而且是必需的。

2. 触机(Cue)

触机是指触发习惯的开端。习惯的触机有很多,可能是时间、地点、事件或场景。

例如,我们早上刷牙洗脸这一系列动作的触机可能是起床这个动作;如果有人每天在睡觉前习惯玩手机,那么触机可能会是他躺下来盖上被子的动作。

触机是大脑中一个习惯流程的开始,是习惯养成的必备一环。触机本身没有好坏之分,决定习惯对我们是否有利的,是它引发的一系列惯性行为。

3. 惯性行为(Routine)

惯性行为是无意识的行为。

例如,有人一打开电脑,就会先打开网络游戏;有人一到办公室,就会先泡一壶茶。在建立新习惯的过程中,我们的自制力就是用来修正那些引起负面效果的坏习惯,将其替换为新的惯性行为。

在修正坏习惯的过程中,我们需要格外留意引发它的触机,同时关注自己的行为,并不断提醒自己不要重蹈覆辙。这一步非常消耗时间和精力,可能要与坏习惯反复拉锯,因为要建立良好的惯性行为,不仅需要有自制力去对抗坏习惯,还需要在行为结束时获得一定的正向反馈,也就是接下来要说的"奖励"。

4. 奖励(Reward)

这是习惯养成中至关重要的一环,它往往容易被我们忽略。为什么坏习惯容易养成且难以改变?因为它们的奖励往往即时且明显。

好习惯难以形成,恰恰是因为其奖励在短期内不够明显。背单词、健身、学习等习惯往往需要较长的时间才能看到效果，有些人天生能从过程中获得精神激励，但大部分人不行。

所以，为了促进习惯养成，我们需要适时地给予自己一些奖励。例如，记录自己的成长和进步，时不时发个朋友圈鼓励一下自己，达到一些小目标时吃一顿好吃的庆祝一下等。

5.3 创造距离：如何不被手机裹挟

很多人不是没有目标，也不是没有时间，而是给自己制定目标后，"拖延症"发作，最终导致目标没有完成。为什么人们总乐于做那些与目标无关的事情？如看手机、玩游戏、听音乐等。为什么这些会让人欲罢不能？

当人无法通过自己的行动获得快感时，就喜欢享受当下的这些小事情给自己带来的即时的满足感。

例如，有人想考英语六级、考研、考博士，这一定需要一个漫长的看书、学习和不断练习的过程才能达成。但人们往往会看一会儿书就忍不住拿出手机翻看朋友圈、聊一会儿微信。因为通过做这些简单的事情，人们能获得即时的满足感。而阅读、学习这些能够提升自己的事情带来的都是延时的满足感，短时间内不会让自己收获很大的满足感，所以人们就很容易放弃或拖延。

人之所以会有这种天生的"短视"，喜欢即时的反馈和满足感，是因为人类生存和进化的天性。几百万年前，我们的祖先还处在茹毛饮血的时代，资源稀缺，吃了上顿没下顿，于是他们的大脑持续分泌化学物质，促使人类去寻找并摄入食物，食物能量越高越好，自身储

西蒙学习法：
如何在短时间内快速学会新知识

存的脂肪越多越好。如果没有这种机制，人类很可能存活不到今天。

可远离了原始时代后，我们进化出了更高级的控制单元，我们学会了制订计划，学会了为达到长期目标而放弃短期利益。但人类大脑中原始的那部分并没有消亡，它依然在争夺对身体的控制权，促使我们不断地寻求即时的满足感。

婴儿刚出生时最原始的生理反应是，饿了就哭，不给吃的就一直哭，吃饱了就不哭了。这就是即时满足的反应。同样地，如果一件事能让人在短时间看到反馈（成果），人们就很容易偏向于先做那件事。

这就是为什么学习一个小时很难，而嗑一个小时的瓜子却很容易。因为每一个嗑瓜子的动作都是有即时回报的，都会得到相应的一粒瓜子，大脑能体验到即时满足感，而学习了一个小时，得不到明显的成果和反馈。

这就是为什么有人打开手机想要背单词，却鬼使神差地打开了微博和微信；为什么有人打开电脑想要听讲座，却不知不觉地看起了电影和电视剧；为什么有人晚饭吃了不少，睡前却还是管不住自己伸向零食的手。都是大脑里的那个"原始部分"在作怪。

那么，要如何克服呢？

简单地说，要想办法用"延时的满足感"来替代"即时的满足感"。有人可能会问，让我延时满足，是不是就是一直拖着不满足？当然不是。延时满足绝不是压抑自己的需要，而是适当地迟一些再满足。这需要我们和自己的大脑做一个约定。

美国作家凯利·麦格尼格尔（Kelly McGonigal）提到过一个方法——等待10分钟。在诱惑面前安排10分钟的等待时间，如果10分钟后你还想要，那你就可以拥有它，但是在这期间，你应当时刻想着长远的利益。这个方法可以总结为：创造一点儿距离，让拒绝变得容易。

例如，一个两三岁的孩子马上要吃苹果，我们可以先不给他，不让他即时满足，让他等一会儿，安静一会儿，再给他；一个五六岁的孩子到了商场看到玩具以后想要玩具，我们可以先不满足他，过一段时间再给他……延时满足孩子的需求，可以帮助孩子延长等待的时间。

例如，在学习、工作时，想拿出手机玩之前，我们可以告诉自己："等10分钟之后再玩，如果10分钟以后还想玩，就可以玩。"但在这期间，我们应该思考玩手机对学习、工作的效率会产生什么样的影响。进行了这样的思考，10分钟过后，一般我们就不会想拿出手机玩。

这个方法还可以运用到那些"我要做"但"我总拖延"的事情上。对于这类事情，我们可以告诉自己：先坚持做10分钟，10分钟之后如果觉得不想做，就可以放弃。但通常只要不是自己特别厌恶的事情，开始做了以后很容易就忘了10分钟的约定，不知不觉就会做很久。

等待10分钟的方法是基于"即时奖励"的原理提出的。还有一种方法是基于"未来奖励"这个角度，从长远利益出发提出的，叫"降低延迟折扣率"。

我们的大脑习惯给未来的回报打折，但是每个人打的折扣是不一样的。有人打的折扣很多，未来的奖励对这类人来说估值会偏低，所以这类人更容易选择屈从于眼前的诱惑；而有的人打的折扣会比较少，未来的奖励对这部分人来说估值会很高，所以这类人通常更关注这个未来更大的奖励，并耐心等待它的到来。

当受到诱惑要做与长期利益相悖的事时，我们可以尝试想象一下，我们的这个行为意味着我们为了即时的满足感而放弃了更好的长期奖励；或者想象一下，我们已经得到了长期奖励，未来我们正在享受着自控的成果。再问一问自己，愿意放弃它来换取正在诱惑我们的短暂快感吗? 这个方法就是为了增加"未来奖励"的价值,降低延迟折扣率。

例如,有人正在复习考研,不经意间想拿出手机玩,在玩之前问一下自己,现在玩了手机就是放弃了复习时间,很可能会导致考研失败,这是自己想要的吗? 想象未来自己考上了理想学校和专业的研究生,围绕在亲戚朋友的夸赞和羡慕中的情景;想象自己凭借着研究生的学历进入心仪的大公司工作,而很多人连面试的机会都没有的情景。这时候,还愿意放弃未来的奖励继续玩手机吗?

这个方法最重要的就是明确自己对于未来的期待。人们对未来的期待越高、越明晰,延迟折扣率就会越低,人们就越愿意放弃眼前利益而追求更长期的利益。所以,知道自己真正想要什么非常重要。只有我们真正想要的东西才有可能触发我们内心的动机,为了它,我们才有可能放弃即时奖励带来的满足感。

所谓对未来的期待,其实就是梦想。当一个人有了梦想,也就拥有了更大的内心动力去坚持做那些能够帮助自己实现梦想的事情,放弃或避开那些可能阻碍梦想实现的诱惑。当一个人可以清晰地知道自己想要什么并能够时刻提醒自己时,就可以"以终为始"地做那些重要的事情。

5.4 适度压力: 提高专注力的方法

人类是一种能够动脑却不愿意动脑的生物。在长期进化过程中,人类拥有了一颗占据自身体重 2%,却消耗身体 25% 的氧气、20% 的能量的大脑。大脑,让人类获得高智商的同时,也带来了巨大的能量消耗。

所以，人类都具有不愿意动脑的习惯。在常常吃了上顿没下顿的石器时代，这是生存优势。但在如今人类内部的竞争中，这显然是劣势。

为了减少能量消耗，尽可能地活下去，人类养成了对和自己基本生存关系不大的事情不过多思考，以节约能量的习惯。

专注力能够被培养和锻炼。

教育家玛利娅·蒙台梭利（Maria Montessori）说："最好的学习方法就是让学生聚精会神的方法。"那么，如何提高学习时的专注力呢？

1. 适度压力

适度的压力可以让大脑进入兴奋状态。这种状态下，精神集中，学习效率高。但要注意的是，压力要适度，过度的压力会让人停止思考。

产生适度的压力有以下 3 个方法。

（1）明确时间，如晚上 8~10 点必须学习。

（2）明确任务，今日事今日毕，绝不拖到明天。为做到这一点可以和好朋友相约，互相监督，不遵守要惩罚。

（3）记录问题，每天必须记录 3 个问题。君子每日三省吾身，每天自我反省，会让自己变得更专注，找到自己的问题，会让自己越来越好。

适度的压力能激发人的潜能，过度的压力往往会压得人喘不过气来。此时，要强迫自己冷静下来，想出行之有效的方法去应对。而不是怒不可遏、牢骚满腹。

每个人都是有潜力的，生于忧患，死于安乐。当面对压力时，不要焦虑，也许这只是生活对我们的一点儿小考验，相信自己，一切都能处理好。

2. 配合情景

这个方法在提升写作能力上尤为管用。笔者经常带儿子去近距离接触大自然，孩子每次都玩得很尽兴，一路上还对奇怪的动植物很感兴趣，不停提问。

有一次，儿子的作文得到了老师的夸奖，说他画面描绘得很生动。这是因为他在玩的过程中，积累了丰富的素材，自然写得生动。

这个方法对所有能把知识和情境联系在一起的情况都适用，例如背诵古诗词时可以用。

3. 交替学习

大脑是分区域的。长时间学习同一类内容，会反复使用大脑的同一区域。这样很容易让大脑疲惫，导致注意力涣散。这时，可以学习不同的内容，使用大脑的不同区域，让大脑保持新鲜感。

例如，对学生来说，学习时可以文理科交错进行，这样做的效果更好。交替学习可以和前文提到的"断点续传"联系在一起使用。

每个人无法专注的原因有所不同，只要找到导致自己无法专注的原因，就可以采取有针对性的措施来保持专注。常见的保持专注的方法有以下 4 个。

1. 收起无关的东西

学习时，如果房间里有手机或游戏机这类影响学习的东西，要主动将这些东西收起来，不要让它们出现在自己的视野范围内。视野范围内只保留和现在的学习任务相关的东西，如对应的课本、作业本和文具等，尽力做到"眼不见，心不想"。

2. 选择安静的环境

学习之前，我们可以和家里人打好招呼，避免家人在无意之间干扰到自己。不要主动选择那些太嘈杂的环境学习。例如很多人选择去快餐店和咖啡店里学习，但这些店的环境往往比较嘈杂，外界干扰源较多，反而让人很难集中精力学习。

3. 番茄工作法

使用番茄工作法学习，可以给自己设置一段时间的学习目标（初期可以学习 20 分钟，休息 10 分钟，后期可以逐步延长学习时间，缩短休息时间），给自己一定的学习压力，进而迫使自己专注于当下所做的事，这样可以有效解决因为压力不足带来的不专注问题。番茄工作法的具体实施方法将在后文提到。

4. 注意休息

好的身体状态是学习的基础。要注意保证睡眠充足，合理安排饮食和运动，保证每天都精力充沛。如果感觉疲劳，可以闭眼休息 20 分钟，再继续学习。

总之，只有保持足够的精力，减少外界的干扰，激发自己的学习兴趣，才能保持专注力，实现高效学习。

5.5 专注规划：如何科学放松大脑

让人疲惫的，往往不是远方的高山，而是鞋里面的一颗石子。石子不仅磨脚，而且总让人分心，不能专心赶路。所以赶路时，最好的做法是走一段路，休息一下，脱下鞋子揉揉脚，倒一倒鞋里面的石子。

一提到走神，大部分人都会将其和注意力不集中联系起来。有的人使用各种集中注意力的方法后，仍然会走神。人们觉得走神是个不好的事，都避之不及。

事实上，走神是人经历了几万年才进化出来的一种本能。

在远古时期，人类周边处处是危险。人类需要不断观察周边，发现危险。

即使睡觉，也不敢睡得太实。因为太专注于某一件事而忽略周围的事物，很容易被各种猛兽吃掉。

所以，能活下来的人都是"三心二意"的。即使是现在，我们坐在家里专心看书。如果宠物突然跑过来，我们也会第一时间察觉。

对于大脑来说，无法长时间保持专注是正常现象。专注一件事情，大脑会高速运转，很容易疲劳。所以，长期保持专注其实是不现实的。就像长时间站立、行走、跑步却不休息，人的体力必然会透支。

人们能保持精神高度专注多长时间？

不同年龄段的人，专注时间是不同的，呈现出先增长，后下降的趋势。

2 岁以下的儿童，专注时间大约为 3 分钟，用 "3 分钟热度" 来形容 2 岁以下的儿童很适合。

6~8 岁幼儿的专注时间大约可以增长到 15 分钟。

14~16 岁的少年，专注时间能够达到 40 分钟左右。

18~22 年的青少年，专注时间进一步延长，可以达到 50 分钟左右。这也是为什么学校的课业学习时间一般安排为 45 分钟。

人在青少年时期专注时间通常已经达到顶峰。如果不能保持继续学习的习惯，不刻意增强自己的专注力，很多人在成年之后的专注时间会开始缩短。不少心理学家认为，成年人的专注时间普遍为 15~25

分钟。

超过了专注时间的极限后，就需要让大脑放松。这时候大脑会主动站出来执行这一操作，也就是走神。

所以，不要暗骂自己不争气，一味地对抗身体本能。走神，说明大脑需要休息。正确的方式是化被动走神为主动走神。

每专注学习一段时间，就可以主动走神放松一下，做些别的事情。

在家时，写了一会儿作业或学习一段时间后，可以主动停下来欣赏一下墙上的画，整理一下桌子，收拾一下书包，望望窗外的风景或听听舒缓的纯音乐，平复心情，主动让大脑放松。几分钟后，再继续手头的学习或作业。

主动走神时要注意遵循如下三大原则。

1. 不进行大量思考

主动走神就是让大脑充分休息的。这时候如果进行大量的思考，尤其是和前面的学习内容相关的思考，大脑实际上并没有得到休息。

2. 不产生情绪波动

情绪会影响人的行动，这一点儿在后文中会详细介绍。如果主动走神的过程中产生情绪波动，可能会影响接下来的注意力，从而影响学习效果。

3. 不影响学习进度

要限制主动走神的时间，不能"三天打鱼，两天晒网"，这段时间不要过长，不能影响正常的学习进度。

要注意的是，看视频、看书、玩竞技游戏，只会让大脑更紧张，达不到主动走神让大脑放松的目的。

5.6　引爆情绪：激发行动力的算法

人是情绪动物，在激发人的行动力方面，没有比调动情绪能量（Energy in Motion）更有效的方法了。没错，情绪实际上是一种流动的能量。

关于情绪对人行动的影响，心理学界曾做过大量研究。著名心理学家大卫·霍金斯（David Hawkins）就曾对人类在不同情绪下对应的能量等级做过研究。

很多人疑惑为什么他们明知道做某件事对自己来说是好的，但就是不愿意做。例如，明知道学习对自己有帮助，但就是不愿意学习。为什么呢？很可能是因为这类人对做某件事毫无情绪或抱有负面情绪。

拿学习举例，2018 年高考，河北考生王心仪以 707 分的成绩考入北京大学中文系。她的一篇《感谢贫穷》打动了无数人，其中有这样一段内容。

感谢贫穷，你让我坚信教育与知识的力量。物质的匮乏带来的不外是两种结果：一种是精神的极度贫瘠，另一种是精神的极度充盈。而我，选择后者。

我来自一个普通但对教育与知识充满执念的家庭。母亲说过，这是一条通向更广阔世界的路。从那时起，知识改变命运的信念便深深地扎根在我的心中。

感谢贫穷，你赋予我生生不息的希望与永不低头的气量。农民们都知道，播种的时候将种子埋在土里后要重重地踩上一脚。第一次去播种，我也很奇怪，踩得这么实，苗怎么能破土而出？可母亲告诉我，土松，苗反而会出不来，破土之前遇到坚实的土壤，才能让苗更苗壮地成长。长大后，当我再次回忆起这些话，才知道自己也正是如此。

匮乏的物质生活让王心仪产生了一种强大的情绪力量，她迫切地想要通过努力改变现状。

《史记·范雎蔡泽列传》中说："日中则移，月满则亏。物盛则衰，天地之常数也。"意思是任何事情到了圆满时，接下来必然会走下坡路。当人们认为自己站在山顶时，不论怎么走，都是下坡路。要想走上坡路，要让自己时刻保持"缺"的心态。

笔者一直是一个精力充沛、行动力很强的人。

很多认识笔者的人都说笔者是"工作狂"，笔者确实是个对工作乐此不疲的人。经过反思，笔者这样是由于成长的经历让笔者缺乏安全感。这种不安全感被放大到情绪上，变成了一种情绪能量，推动着笔者行动。

想改变现状的强烈愿望给了笔者强大的行动力。笔者的家庭比较特殊，笔者从小由爷爷奶奶带大，家庭的经济条件很一般。这也许是笔者比较喜欢"折腾"的源动力。别人家的孩子有父母支持，多少有些安全感，而笔者没有，一切都要靠自己。

笔者上大学时，很多同学不愁吃穿，安心学习，而笔者为了赚钱，业余时间发过传单，做过导购，卖过电话卡，摆摊卖过饼干，还帮学习班做过招生工作。

后来笔者创业失败，欠了几十万元的债，而且因为创业，错过了双选会，一度找不到工作，只能去洗浴中心做服务员，因为在洗浴中心工作管吃管住。

经历过那段很"黑暗"的时期，笔者觉得不拼命不行。凭着这个劲头，笔者在职场上一路晋升。后来到了职业瓶颈期，笔者又不安于现状，做投资被骗，亏了不少钱。

一路磕磕绊绊，笔者取得了不少成绩，也有过不少失败，但无论如何，笔者的梦想和行动力没有丢。所以笔者的竞争力日渐提升，影响力逐渐增强，思考力也在不断升级。总结下来，笔者的行动逻辑如图5-1所示。

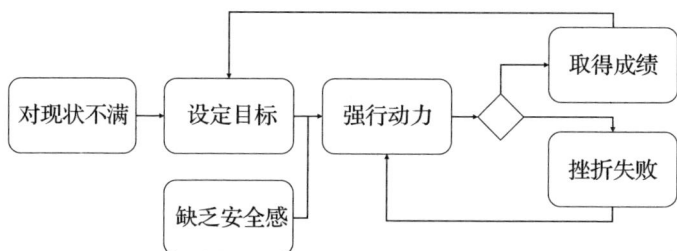

图 5-1　笔者的行动逻辑

笔者行动力的来源实际上是一套"算法"。对现状的不满让笔者给自己不断设定目标，也让笔者具备非常强的行动力。

其中，从缺乏安全感到强行动力，是借助情绪能量的过程。

情绪是人类重要的能量来源。人类大量的有意识行为的背后，都是由情绪在推动。

善于感受情绪，调动情绪，有助于人们产生巨大的行动力。不愿意行动时，不如试一试调动情绪能量。

5.7　刻意练习：舒尔特方格提升专注力

如果发现自己存在不够专注的问题，可以通过一个小游戏来提升自己的专注力——舒尔特方格。

舒尔特方格起源于美国，最初用来训练航天员和飞行员的专注力，是比较科学、简单、有效的提升专注力的训练方法。

舒尔特方格训练法只要有纸和笔就可以实施。明白舒尔特方格训练法的原理后，自制训练表也比较简单。

舒尔特方格的实施步骤如下。

（1）在一张纸上画出 5×5 的空方格。

（2）在方格中，没有任何规律地随机填写数字 1~25，每个方格填一个数字，如图 5-2 所示。

6	11	21	18	9
14	1	5	16	25
8	22	13	24	7
17	10	23	2	20
3	15	19	4	12

图 5-2　舒尔特方格

（3）训练时，使用秒表计时，按 1~25 的顺序，用手指依次指并念出每个数字。

（4）数完后，结束计时。通常，25 秒内完成属于中等水平。16 秒内完成就是优秀。

注意，练习时一定要手嘴并用。因为目光很容易飘忽不定，通过用手指来引导目光，可以避免遭受干扰。我们用嘴念出数字，也使得大脑更为专注，可以抵抗内在的干扰。同时，计时能给自己带来一定的压力，避免松懈，从而达到更好的练习效果。

为了方便练习，我们可以在小卡片上绘制舒尔特方格，将小卡片放到口袋中，就能随时随地进行练习。同时，为了避免画方格时产生的记忆干扰，我们可以一次绘制几十张不同的舒尔特方格。每次练习时，我们可以随机从中抽取几张。

为便于读者使用，本书再提供 10 张 5×5 的舒尔特方格。

11	15	9	22	23
7	20	21	17	13
6	18	14	24	2
8	4	16	1	12
19	10	5	25	3

15	1	21	4	6
18	5	10	11	20
12	2	3	9	17
8	16	25	19	14
22	7	13	23	24

25	5	9	13	23
19	24	17	2	1
20	16	3	6	4
14	8	10	7	18
22	11	15	21	12

15	20	9	23	14
10	1	21	4	24
12	19	2	17	13
16	25	5	6	3
11	8	22	7	18

5	7	25	12	10
21	6	17	2	8
15	14	4	24	23
3	13	9	22	1
20	18	11	19	16

18	12	7	1	24
14	4	5	21	15
23	22	8	16	25
11	17	6	19	9
13	3	10	2	20

11	18	16	10	17
13	21	3	15	12
24	5	14	20	4
1	9	22	8	6
19	7	25	23	2

西蒙学习法：
如何在短时间内快速学会新知识

24	15	25	19	23
22	8	5	21	14
10	3	16	4	18
11	1	20	13	6
17	7	2	12	9

14	16	24	15	23
3	13	7	17	12
4	18	10	2	9
19	5	20	25	1
21	8	22	6	11

6	3	19	20	16
14	5	17	12	23
1	15	13	2	18
8	11	9	10	7
22	4	25	24	21

　　提升专注力不是一两天就能实现的，需要长期坚持练习。每天拿出 5 分钟来进行舒尔特方格训练，持续 1 个月后，专注力就可以有效提升。当熟练后，我们可以向更高难度挑战，尝试用更为复杂的 6×6、7×7、8×8 的方格练习。

6×6 的舒尔特方格如图 5-3 所示。

20	26	3	14	32	8
7	13	18	29	5	34
19	1	24	15	28	12
16	25	9	36	23	35
21	4	31	11	2	30
17	10	27	22	33	6

图 5-3　6×6 的舒尔特方格

7×7 的舒尔特方格如图 5-4 所示。

22	36	2	45	20	43	27
11	8	21	33	26	35	49
5	31	39	14	48	16	25
13	28	9	44	19	42	46
32	12	3	37	15	1	6
30	23	34	41	7	24	18
10	38	17	4	29	40	47

图 5-4　7×7 的舒尔特方格

西蒙学习法：
如何在短时间内快速学会新知识

8×8 的舒尔特方格如图 5-5 所示。

24	11	55	35	1	19	27	59
48	4	61	20	54	33	8	47
15	50	46	29	34	22	63	13
41	32	12	7	45	58	30	53
6	23	64	26	40	17	38	42
57	37	2	14	62	25	60	3
39	5	51	43	16	49	21	31
28	9	18	36	56	10	52	44

图 5-5 8×8 的舒尔特方格

运用舒尔特方格训练法，既是一种训练，又是一种娱乐。这种寓教于乐的训练专注力的方法既有趣，又简单，还不占用大段时间，长期训练能有效提升人的专注力。

5.8 强制关注：从生活的海绵里挤出更多时间

如果有人不想行动，"忙"会是最好的借口。

笔者有位同事 Mary，她特别喜欢羡慕别人。

常听她两眼放光地说，张三得到了某证书，李四考上了 MBA，王五在职读完了博士……好羡慕他们啊。

笔者说："你也可以考啊。"

Mary 说："我也想考在职研究生，坚持复习了一段时间，后来发现我没有时间，回家要做家务，还有老公和孩子要照顾。"

笔者说："你看咱们公司的田经理，她工作比咱们都忙，周末经常不休息，今年已经50多岁了，培养女儿考入了好大学，自己每天坚持学习，能保持一年学一个自己感兴趣的领域的知识！田经理能做到的，你应该也可以吧？"

Mary说："你说的对，不过……我们家孩子……我们家老公……我们家的狗……"

总之，Mary很忙，忙得没有时间做任何让自己增值的事情。过了不久，笔者又听到她开始羡慕某人考了某证书，某人考了MBA，某人考了博士……她的这种羡慕，似乎是把自己的期望投射到这些人身上。

可据笔者所知，她平时还经常跟同事讨论她和老公一起去看的电影，一起自驾到某地的旅游，一起玩的游戏……

Mary有一个非常有趣的心智模式：羡慕别人—内心不平—尝试改变—产生倦怠—内心接受—继续羡慕别人。这种心智模式，是一种思维上的死循环。

显然，以这种心智模式无限循环下去，不会产生任何增值。陷入这种心智模式的人通常很难走出来，这些人每天做的就是先不断羡慕，再不断放弃，然后不断用"忙"来自我安慰。

那么，要怎么样才能走出这种死循环呢？有个人的经历也许能帮助我们找到答案。

有个叫吉田穗波的日本人，她是5个孩子的妈妈，2004年从名古屋大学研究所博士毕业后，就在东京银座的妇幼综合诊所任妇产科医师，工作十分忙碌。

她的大女儿一岁时因肺炎引发气喘，吉田穗波在疲于生活和工作的同时，萌生了"若想改变现状，只能积极提升自己"的想法。那时候，她产生了一个大胆的想法——到世界顶级学府哈佛大学进修。

她把这个想法付诸行动时，大女儿才两岁，老二只有两个月。她的工作时间是朝九晚五，每天上下班要花3个小时，通常下了班，从学校接了小孩，回到家已经是晚上七点。

2008年，她怀揣着深造的梦想，用半年的时间完成了从申请入学哈佛、准备考试到录取的全过程，期间还怀上了第三胎。同年，她带着3个年幼的女儿，与丈夫一起前往波士顿。她仅用了两年时间便取得了学位，还生下了第4个孩子。在总结这段经历撰写自传时，她的第5个孩子也诞生了。

吉田穗波能实现梦想，除了家人的支持外，还有赖于她有效的时间管理方法。她在自己的书中分享了自己时间管理的经验。

（1）越没时间越想做事，把自己的焦躁转化为进步的决心。

（2）别只想 or，要学着想 and，人生太短，不能按顺序一件件地做事。

（3）放弃完美主义，多件事齐头并进，要有乱成一团的心理准备。

（4）先用整段时间优先处理大问题，再用碎片时间处理小问题。

（5）早睡早起，留出自己不被别人打扰的时间。

（6）学会借助他人的力量，外包思维，用钱来买时间。

（7）别被常识偷走时间，自己生活的规矩是自己定的。

（8）利用碎片时间，让生活更高效。

（9）别让焦虑浇灭自己的斗志，控制情绪就是节约时间。

领导学专家罗宾·夏玛（Robin Sharma）说："不是因为某件事很难，你才不想做，而是因为你不想做，让这件事变得很难。"

这句话是吉田穗波的座右铭。

管理时间有个简单的秘诀：有条理地强制自己关注那些重要的事情，抑制住做那些紧急和简单事情的冲动。我们天生喜欢做那些简单的事情，因为这些事情看起来紧急而且简单，我们能够瞬间得到满足感。但对那些重要的事情我们却会拖延，如锻炼身体。

要管理好自己的时间，要做到如下 3 点。

1. 先做最重要的事

想象一下，对于我们来说，当下最重要的事情是什么？我们正在做这件事吗？如果没有，为什么不做呢？

是不是因为"我想先做手里这些事，等这些事做完以后，再做对我来说最重要的事？"可是，当"手里这些事"做完之后，我们还有多少时间做对自己来说"最重要"的事情呢？

我们每天可能需要同时做很多事，这些事不可能全部做完。怎么办呢？不如用更多时间做更少的、更重要的事情。

2. 关掉通知

现代科技已经进化到可以利用我们对做紧急事情的偏好来增强用户黏性。例如，微信、微博等各类应用软件的通知，都在争先恐后地抢走我们的注意力。

幸运的是，有一个简单的方法可以解决这个问题——关掉通知。等我们有更多空闲时间时，再去处理那些事情。例如，利用饭后的休息时间，集中处理一些不重要的事情。餐后人体的胃肠道消化食物需要血液运输营养物质和氧气，学习效率会下降，正好可以利用这段时间处理一些不太需要思考的事。这样做可以节省时间，提高效率。

3. 忽略信息

在我们的常识中，忽略别人的信息是很粗鲁的、不道德的行为，

西蒙学习法：
如何在短时间内快速学会新知识

但在时间管理上，这样做是相当必要的。总有些人是我们没有时间应付的。我们必须允许自己忘记一些请求。我们可以不回答某人的问题，也可以不理会"@所有人"的弹窗。

这个世界不会因为我们忽略掉一些事情而毁灭。这样做，我们却可以完成对自己来说真正重要的事情。

问题不在于我们有没有时间，每个人每天的时间是一样的；问题在于，我们如何选择。

集中突破，筹备注册会计师考试如何规划时间

很多应试类的学习内容因为科目众多、知识体系繁杂，让人感觉难度很大，望而生畏，还没开始学就已经打退堂鼓。但其实再难学的内容，只要愿意投入时间和精力，总能够被学会。没有学会，往往是投入的时间和精力还不够。没有连续一段时间的作用力，就起不到锥子钻进坚石的效果。

注册会计师证书是财务领域最难考的证书之一，却也是用处最大的证书之一。注册会计师执业资格考试从最初的考 5 门科目，到考 6 门科目，到后来考完 6 门科目之后还要考 1 门综合知识，被网友戏称为"非常 6+1"，其难度可想而知。

知乎上有人问过这样一个问题：正常智力和学力水平下，备考注册会计师考试需要多长时间？

知乎网友"北风要远行"给出了一个被广大网友普遍认可的参考时间，笔者整理后，如表 5-1 所示。

表 5-1 注册会计师考试学习参考时间

科目	科目特点与难点	学习时间合计 / 小时	学习阶段	具体时间分配 / 小时
会计	难度最大，综合性最强，知识点多，有深度	500	打牢基础	100
			解题练习	300
			复习冲刺	100
审计	难度同样不小，没接触过审计实务的人很难深刻理解书中的知识	500	打牢基础	150
			解题练习	250
			复习冲刺	100
税法	难点主要是知识点零碎，税种、税率、征税范围、税收优惠等的记忆点较多	350	打牢基础	70
			解题练习	200
			复习冲刺	80
财务成本管理	难点主要是计算，可以在掌握计算方法后持续练习	300	打牢基础	60
			解题练习	170
			复习冲刺	70
经济法	难点在记忆点较多，知识点涉及的法条较多，尤其是其中包含数字的，要准确记忆	250	打牢基础	80
			解题练习	100
			复习冲刺	70
公司战略与风险管理	没有企业实际战略管理经验的人会感觉难以理解	250	打牢基础	80
			解题练习	100
			复习冲刺	70

每个科目学习的 3 个阶段分别对应着不同的学习要点。

在打牢基础阶段，可以通过上网课、阅读教材，系统地学习知识点，了解知识体系，能够做到理解和应用知识。

在解题练习阶段，可以通过做题进行练习，将知识点与解题实战相联系。通过解题发现自身不足，以加深对知识的理解。

在复习冲刺阶段，可以系统复习、查漏补缺，重点对难点、易考点、易错点进行复习。

根据"北风要远行"的判断，备考注册会计师，至少需要2150个小时。如果按照每天学习8个小时，换算成天的话，是268.75天。显然，水滴石穿，需要水持续、长时间地作用。

当然，除了投入必要的时间外，根据不同科目的特点，采取有针对性的学习策略也是必需的。

知乎网友"三金"给出了每个科目的学习策略，如表5-2所示。

表5-2　注册会计师考试的学习策略

科目	策略	内涵
会计	分录为王	教材编写的逻辑是概念—处理原则或方法—例题，直接阅读很难理解。学习会计教材时，可以大致浏览前文内容，先看例题，再看会计分录，最后回过头来看一遍前面的内容，这样更容易理解和记忆
审计	倒序学习	审计教材的前半部分是偏抽象的方法论，后半部分偏实务应用，直接按照这样的顺序学习，理解起来比较困难。可以先学习后半部分的实务应用，再学习前面抽象的部分，这样更容易学懂
税法	有舍有得	这部分内容知识点繁杂，而且可能会根据最新政策出题，所以备考时应当抓住重要的知识点。核心知识点和重要税种的知识要完全掌握，其他小税种和非重点知识，如果时间不够或精力有限，可以不作为重点复习
财务成本管理	保证准确	财务成本管理每年的考点类似，有不少类型的计算题每年必考。研究真题会发现不少题是"新瓶装旧酒""换汤不换药"，熟练掌握这些计算题的算法，注意检查计算过程，保证计算的准确，就能拿下这门考试

科目	策略	内涵
经济法	简单记忆	学好经济法主要靠记忆，不需要深入研究"为什么"，只需要记住"是什么"。经济法中的考点范围同样相对比较固定。掌握住核心知识点的法理，记住关键的法条和应用，就能通过考试
公司战略与风险管理	知识脉络	该科目中给出了大量解决企业经营管理问题的工具和方法论。这些工具和方法论不仅能分别解决对应的问题，而且有很强的逻辑关系。运用思维导图，梳理知识脉络，理清整套知识体系，更容易从整体上理解和记住知识

另外，"三金"也强调，不要期望一下子考过6门考试。一年之内6门全部考过的人凤毛麟角，就算有，也一定是他们之前在这方面有相当深厚的积累。基础比较差的人，还是每次考2门或3门为好。"三金"就是"3+3+1"通过注册会计师考试的。

实际上那些基础不怎么样，又期望一年内通过全部6门考试的人，往往是不会学习的人。这类人总是期望可以速成，可以不用努力就能学到知识，通过考试。大家都明白，这是不可能的。

人的时间在哪里，结果就会在哪里。人把时间和精力花在什么地方，就会收获相应的东西。如果花在玩儿上，通常会收获一段回忆；如果花在读书上，通常会收获知识和远见；如果花在工作上，通常会收获事业。

6

技巧：
让学习变得简单高效

第6章

学习需要投入大量时间，掌握一些学习技巧，能让投入的时间减少，起
到事半功倍的效果。本书提供的学习技巧不限于西蒙本人应用的学习方
法，还包括其他有助于学习的技巧。本章介绍的学习技巧涉及的原理大
多在前文中有提到，联系前文内容一起学习效果更佳。

6.1 案例学习法：从记信息到真正掌握

西蒙认为，最好的学习方法是通过案例来学习。通过案例来学习可以训练人们的逻辑能力和协作能力，不仅有助于人们更好地获得知识，而且能让人们慢慢咀嚼和消化知识。

1987 年，中国科学院心理研究所的朱新明教授及其团队曾经做过一个实验。朱教授让一个班级用两年时间学完了初中数学教学大纲规定的 3 年数学课程。与传统教学方法不同的是，这个班级采用学习案例和解决实际问题的方式来替代老师讲课。

实验结果表明，这个班级的学生在课程结束后的一学年之后，成绩要略高于正常接受老师讲课的课堂式学习的对照组学生。这说明通过解决实际问题的案例式学习法是非常有效的。

西蒙的学习和研究正是以问题为主线。人的大脑倾向于解决问题，人们会因为问题而产生思考。

为什么案例式学习法的效果更好呢？

因为这种方法并不是简单地记忆信息，而是将信息直接应用在解决实际问题的过程中，不断将学到的理论知识运用到案例当中。正是这种不同场景的应用，让人的大脑不断构建和重塑知识体系。

这就是为什么学校的教材中，在知识的后面一般会加上练习题，也是为什么老师每天晚上要布置作业，让学习应用白天学到的知识。把知识实际应用出来，更容易让人理解和掌握知识。

很多同学很排斥做题，觉得自己都会了，为什么要做题呢。还有同学觉得，做题就是为了应试，目的性太强，失去了学习的意义。

但其实并非如此，做题确实有助于应试。但做题本质上还是为了更好地学习，就算没有考试，我们也应该做题。做题是从"记"到"会"，到"熟"，再到"巧"的关键一步。

1. 记

学习的第 1 个阶段是记。上课听懂了，可能只是简单地记了下来，形成信息记忆。这是对知识最浅层的感知，属于最低级的"学会"。

也就是说，在这个阶段，知识还没有真正成为自己的，我们只是记住了老师说的或课本上写的。这个阶段我们只能拿公式、定理来硬套题目，大概率不能独立解答。

这种状态下，我们不仅没有真正掌握知识，而且很难应对考试，因此需要通过做题，将知识转化为技能。

2. 会

学习的第 2 个阶段是会。这时候我们能独立解题，能够将题目解答正确。

在解题过程中，我们将对公式、定理的使用形成经验记忆，知道这些知识是如何在题目中呈现的，发挥了什么作用。

从这个阶段开始，记住的公式、概念开始转化为个人技能。但技能的掌握还不够熟练，解题速度往往较慢，或者答案出现错误。

3. 熟

学习的第 3 个阶段是熟。这一阶段我们对解题技能已掌握得比较好，能够应付一般难度的考试。

这时候，我们形成了方法记忆。解题时，我们不需要刻意思考公式和定理是什么样子，可以下意识地使用。

到达这个阶段之后，我们就要通过错题本来发现自己的知识盲区，使自己的技能向更高层次迈进。

4. 巧

学习的第 4 个阶段是巧。一题多解，多题一解，举一反三。这时候，我们形成了学习迁移，就是能将知识记忆应用到全新场景中。

其表现为，提出巧妙的解题思路，甚至能让老师也叹为观止。达到这个水平的同学，是少之又少的"学霸"。但达到这个水平的前提，当然是做大量的题。

学校学习中一鸣惊人的黑马可能存在，但比例极小，这种情况多是因为幸运，这种成功不可复制。更靠谱的是投入大量时间去练习，逐步提升，直至到达"巧"的阶段。这条路看似很长，却是学习的捷径。

6.2　关联记忆法：最强大脑用的记忆法

一个人一口气记住 52 张被随机打乱顺序的扑克牌需要多长时间？

普通人只是想想都会望而却步。2017 年，在《挑战不可能》节目上，当时读大三的邹璐建同学打破了当时 20 秒 44 的世界纪录。他当时只用了 17.593 秒。同年年底，他在第 26 届世界记忆锦标赛上，又以 13.956 秒的成绩再次打破世界纪录。

他是如何做到的呢？

他用的是关联记忆法。西方心理学中有个学派叫格式塔心理学（Gestalt Psychology）。这个学派研究发现，人们更容易记住有关联性的信息。当人们把想要记忆的事物和自己熟悉的事物相关联时，就比较容易在短时间内记住新的事物，而且不容易遗忘。

例如，某人想要出门买东西，可是要买的东西比较多，这些东西之间又没有什么逻辑关系，如何用大脑快速记住这些想买的东西呢？这时候可以想象一下身边已经熟悉的几样东西，如冰箱、橱柜、餐桌、衣柜、床等。

接下来进行关联，冰箱中缺什么？橱柜里缺什么？餐桌上缺什么？衣柜里缺什么？床上缺什么？并在此基础上进行联想，想象冰箱中、橱柜里、餐桌上、衣柜里、床上放着这些所缺东西的状态。也可以进一步和没有放这些所缺东西的画面做比较，加深印象。

用这种方法，某人就比较容易记住出门想买的东西。

许多记忆高手采用的具体的记忆方法也许有所不同，但基本原理大致类似，都是把要记忆的新事物与已经熟悉的事物做关联。

这种关联方式的本质是建立起一条"通道"，把已经存储在人长时记忆中的信息，与当前的新事物连接在一起。熟悉的事物，更容易唤起人们的回忆。

这里有一个小技巧，关联时运用莱斯托夫效应，可以记得更快、记得更牢。具体做法是在把待记忆的新事物和已经熟悉的事物做关联时，想象出来的画面越独特、越新鲜、越夸张、越不可思议，记忆的效果就越好。

著名魔术师刘谦曾在某视频网站上发布过一个关于"最强大脑"的魔术教学视频，他称这个魔术为"超级记忆术"，实际上用到的也是这种方法。

魔术内容是刘谦递给工作人员一张白纸，白纸上有纵向排布的1~15的数字。刘谦要求工作人员在这15个数字后面写下15个名词，然后要求工作人员写完后不要将白纸上的内容给自己看，而是从第1个名词到第15个名词逐个读出来给自己听。

工作人员在白纸上写下的内容如下。

1. 西瓜

2. 酒杯

3. 蜡烛

4. 香水

5. 玫瑰

6. 女孩

7. 草莓

8. 香蕉

9. 衣服

10. 皮包

11. 金钱

12. 袜子

13. 男孩

14. 灯泡

15. 酒水

接下来，刘谦请工作人员随便说一个数字。

工作人员说"8"，刘谦脱口而出"香蕉"；工作人员说"12"，刘谦回答"袜子"；工作人员又说"4"，刘谦很快说出"香水"；工作人员再说"3"，刘谦很轻松地回答出"蜡烛"。最后，刘谦把白纸上的内容背了一遍给工作人员听，结果全部正确。

在教学环节，刘谦说出了这套记忆法的秘密。

第1步，设标签。

刘谦的做法是先在心中设置标签，每个标签都要和数字编号相关联。这个标签是不轻易改变的，是自己独有的，可以根据自身的喜好或习惯来设置。

　　以自己短时间内记忆 10 样东西举例，他在心中给 1~10 的数字设置的标签如下。

　　1. 衣服

　　2. 鹅

　　3. 山

　　4. 痣

　　5. 舞

　　6. 柳丁

　　7. 漆

　　8. 喇叭

　　9. 酒

　　10. 石

　　刘谦说设置这个标签主要是根据谐音，每个数字的发音都和标签事物的发音类似，这样有助于自己记忆数字和这 10 样东西的关联。设置好标签后，要先让自己记住这 10 样东西。

　　第 2 步，写名词。

　　要求某人随便写 10 个名词，并逐个念出来，以刚才工作人员写下的内容举例。

　　1. 西瓜

　　2. 酒杯

　　3. 蜡烛

　　4. 香水

5. 玫瑰

6. 女孩

7. 草莓

8. 香蕉

9. 衣服

10. 皮包

第 3 步，做关联。

当某人逐个念出自己写下的 10 个名词时，刘谦便在大脑中将其和自己设置的标签做关联。在给二者做关联时，要发挥自己的想象力，尽量用夸张、独特、鲜明、搞笑，甚至荒谬的方式想象二者结合在一起时的画面。画面越独特、视觉冲击力越强越好（莱斯托夫效应）。

例如，我们可以这样想象画面。

1 的标签是衣服，某人写下的是西瓜，可以想象一个西瓜穿上了衣服。

2 的标签是鹅，某人写下的是酒杯，可以想象一只鹅的头塞在酒杯里拔不出来。

3 的标签是山，某人写下的是蜡烛，可以想象蜡烛多到堆成了一座山。

4 的标签是痣，某人写下的是香水，可以想象香水瓶上有一颗很大的痣。

5 的标签是舞，某人下的是玫瑰，可以想象玫瑰花在舞池当中跳舞。

6 的标签是柳丁，某人写下的是女孩，可以想象一个少女在疯狂地吃柳丁。

7的标签是漆，某人写下的是草莓，可以想象在草莓上涂上油漆。

8的标签是喇叭，某人写下的是香蕉，可以想象乐队吹喇叭的人正在吹香蕉。

9的标签是酒，某人写下的是衣服，可以想象一个人把酒瓶当衣服穿。

10的标签是石，某人写下的是皮包，可以想象一个人原本该背皮包，却背了个大石头。

运用这个记忆方法，给更多的数字设置标签，就可以在短时间内记住更多的信息。

6.3　延伸记忆法：学得又多又快的方法

很多人觉得，记忆的信息越少越容易记住，于是每天严格限制自己记忆的信息量。这个道理乍听之下是对的，但实际上是错的。当记忆的信息彼此之间有比较紧密的逻辑关系时，多记忆一点，反而能加深对当前信息的记忆，记得更多。

我们要对一个知识点进行深度挖掘，了解知识点背后蕴藏的更多内容。对于学生来说，即使这些内容不在考试范围内，也可以帮助当下所学知识的学习和理解。

因为学习这些周边的内容，不仅能让学习的知识不再干巴巴的、没有意思，而且能帮助我们掌握知识脉络。

进行知识上的延伸是为了更好地理解。理解得越深刻，记得也就越牢。

不懂深度理解记忆，可能一个英语单词都很难记住。懂得做延伸记忆，反而可以很快记住很多个英语单词。

例如，铁匠的英文是 Smith。Smith 常用作英文姓名的姓氏，译为史密斯。很多人平时对 Smith 这个单词的记忆也仅限于"史密斯"这个姓氏。

假如死记硬背铁匠的英文是 Smith，似乎并不容易记住。这时候可以延伸一下，为什么铁匠的英文是 Smith 呢？

因为铁匠靠击打铁锤来加工东西，而击打的英文是 Smite。原来在英文中，表示击打的 Smite 和表示铁匠的 Smith 之间有这样的联系。这还没完。

铁匠不仅是打铁的，还可以加工很多不同的金属，于是铁匠有了分类，不同的工匠加工不同的金属。专门打黑乎乎铁的铁匠的英文是 Blacksmith，加工白色锡的锡匠的英文是 Whitesmith。

再后来，铁匠作为打铁工匠的含义不断拓展，某词 +smith 也逐渐可以代表别的领域的工匠，如延伸出专门用词写文章的写作家 Wordsmith。

挖掘 Smith 这一个单词背后的内容，就可以同时学习、理解和记住 Smite、Blacksmith、Whitesmith、Wordsmith4 个单词。记住这 4 个单词，就更容易记住原本的一个单词。

西蒙的学习也是延伸开来的，这是他能够涉猎很多领域并都取得成功的关键。

西蒙说："我涉猎广泛，从政治科学、公共管理，到经济学和认知心理学，再到人工智能和计算机科学，顺便还领略了科学哲学的风光。有时候，我同时投身至少两个领域的工作。我的兴趣中心在决策和解决问题，它使我研究科学发现的心理过程，这项研究进而使我在更广泛的自然科学领域里探索，尤其是数学、物理和生物学。这些足迹远远超越了前面介绍的学科范围。"

在成年人的工作、学习中，延伸学习法也可以用来开阔眼界和思维，让自己打破认知的边界，见识到更广阔的世界。

一个人的认知构建了他所理解的世界，人通常不会主动改变自己的认知。如果个人认知与他人认知或事实现象没有产生任何冲突，那么，这个以个人认知为基础所建构的认知世界就永远不会被打破。

例如，某农民原本认知的世界就是种田，收获，等商家上门来收货。他认为农民就该这样生存。可他经常遇到种出来的农产品滞销的问题。忽然有一天，他发现隔壁村的老王也是农民，但老王在互联网上开网店、做自媒体，不仅自己的农产品不愁卖，而且还能帮隔壁村的好多农户销售农产品。

这时候，该农民原本的认知被打破了。到这时候，他才会重新建构自己的认知。如果没有隔壁村老王的出现，他依然会觉得农民就应该老老实实种田，不老实种田的都是投机倒把。但是，老王的出现让他不再这么认为了，他甚至产生了向老王学习的想法。

6.4 两头记忆法：避免干扰的记忆方法

西蒙曾经提到过一个实验，有人让实验对象学习 12 个毫无意义的音节。结果发现，多数人更容易先学会第 1 个音节和最后 1 个音节，中间的音节不仅学得很慢，而且出现的错误也比较多。也就是说，多数人的记忆呈现出两头好、中间差的情况。

遗忘曲线的提出者，德国心理学家艾宾浩斯发现，记忆间存在相互干扰，尤其是在记忆类似的信息时。

这种干扰分为两种：前摄干扰和倒摄干扰。前摄干扰是指旧信息的记忆会干扰对新信息的记忆；倒摄干扰是指新信息的记忆会干扰对旧信息的记忆。

记忆相互干扰的原理是什么呢?

假如我们每天晚上都在家里吃饭，如果不是刻意去记，通常很难记住前天和昨天晚上吃过什么。因为这两段记忆具有接近的时间点、相同的地点、相同的人（家人）。但如果前天晚上是和同学一起去某高级餐厅聚会吃的饭，就比较容易记住。

人们更容易记住两端的内容，这对学习有什么启示呢? 如何应用这种效应呢?

1. 分段学习

每个人的精力有限。大部分人集中注意力的持续时间只有 30 分钟左右，甚至有的人更短。一旦超过这个时间，就会出现"开头努力""结尾努力""中间松懈"的现象。要应对这种情况，除了平时要练习和提升专注力外，还可以运用"上下半场策略"。

拿听课举例，一节课有 45 分钟，可以将其一分为二，前面 20 分钟为上半节，后面 25 分钟为下半节，类似于足球比赛分为上下半场，中间有中场休息环节。这样，一节课的上下半场就有 2 个开头和 2 个结尾，等于压缩了中间部分。

我们可以将上半节的前 10 分钟设置为开头，中间 5 分钟设置为过渡，后 5 分钟设置为结尾。将下半节的前 5 分钟设置为开头，中间 10 分钟设置为过渡，后 10 分钟设置为结尾。

开头和结尾的时候要集中注意力认真听课，过渡的时候如果老师讲的内容自己很熟悉，可以主动地稍微放松一下，然后再认真听课。

西蒙学习法：
如何在短时间内快速学会新知识

一节课 45 分钟，有 30 分钟是全神贯注地高效率听课，有 15 分钟属于过渡。这样做使记忆效果和注意力集中程度都变得更好了。

2. 择时记忆

选择记忆的时间也很重要。例如，睡觉前和起床后就是两个非常好的记忆时间点。

笔者当年学英语时，老师说单词是英语的重点。那时笔者不懂词根，也不懂记忆方法，背单词全靠死记硬背。

笔者每天专门抽 1 个小时——上午半小时、下午半小时，各背 20 个单词。结果背了后面忘了前面，复习时发现没记住几个。那时感觉很绝望，觉得自己学不好英语了。

有次笔者躺在被窝里睡不着，不甘心，又拿起书复习一遍单词。第二天早上再背单词时，笔者惊奇地发现，晚上背的单词竟然记得八九不离十。

多年后，笔者才明白这背后的道理。上午和下午集中背单词，结果就是上午的记忆干扰下午的，下午的记忆干扰上午的，花了时间，效果却不好。学校每天安排不同的学科学习，实际上也是为了避免记忆相互干扰。

从避免记忆相互干扰的角度来看，"睡觉前"和"醒来后"是两大记忆黄金时段。

马上睡觉了，不受倒摄干扰的影响，更容易记忆。早晨起床后，不会受前摄干扰的影响，记忆新内容或复习都会比较容易。另外，睡眠过程中记忆并未停止，大脑会对接收的信息进行归纳、整理、编码、储存。

睡前这段时间非常宝贵，是学习的好时机，尽量少卧谈，少玩手机。笔者建议读者朋友们晚上睡觉前，快速翻看一遍白天学习的重点内容，或翻看一遍错题本，然后快速进入睡眠状态，这样效果最好。早上醒来，再重复一遍睡前复习的内容。

如果要记忆的组块中间更重要，两头不重要，如何避免人们更容易记住两头的效应呢？

有个实验，它是把一排不规律字母的中间字母印成红色，把两头的字母印成黑色，结果发现人们更容易记住中间的字母，而非两头的字母。

这一点很像是苏联心理学家冯·莱斯托夫（Von Restorff）提出的莱斯托夫效应（Restorff Effect）：人们更容易记住特殊的、独特的事物。

实际上，还有个实验表明，当人们把注意力刻意放在某个组块上重点记忆时，那个组块的记忆效果自然会更好。所以两头记忆更好的效应实际上可以通过主动转移注意力的方法来避免。

如果不想只记住两头，也不想只记住中间，想记住全部信息，怎么办呢？

进一步的实验表明，人们在记忆的时候，会倾向于将中间的组块和两头的组块做关联，如果二者恰好具备某种关联性，则更容易记住中间的组块；如果没有任何关联性，则不容易记住中间的组块。

例如，当人们记忆 A、B、C、D、E、F 这 6 个组块时，倾向于将 B 组块和 C 组块与 A 组块联系在一起，分别寻找 B 组块和 C 组块与 A 组块之间的关联性；倾向于将 D 组块和 E 组块与 F 组块联系在一起，分别寻找 D 组块和 E 组块与 F 组块的关联性。

所以在记忆时，如果能让组块之间形成某种逻辑关系，就更容易记住所有组块。

西蒙学习法：
如何在短时间内快速学会新知识

6.5　情绪记忆法：动用感知，学得更快

前文提到过运用情绪激发行动的原理。实际上，情绪不仅与人的行动有关，还和人的记忆有关。很多人记不得多年前某件事的具体细节，却能记住当时的某种情绪，当时的情绪越激烈，情绪与事物的关联越紧密，记忆越深刻。

情绪记忆（Emotional Memory）也叫情感记忆，最早是由"法国现代心理学之父"李波特（Theodule Ribot）提出的。情绪记忆的含义是，当某件事给人带来强烈且深刻的情感体验时，这种情感体验引发的情绪能长期留在人的头脑中。在回忆时，不仅事件会出现，事件对应的情绪也会出现。

美国心理学家基思·佩恩（Keith Payne）也曾研究过情绪记忆。佩恩发现，情绪记忆是人类最难刻意忘掉的一种记忆。《实验社会心理学》杂志针对情绪记忆也发表过一篇文章，指出情绪记忆是一种"越想忘掉越忘不掉"记忆。

情绪记忆在表演艺术和文学创作中起着重要的作用。许多优秀的演员并不是通过死记硬背来背台词，不少角色的台词动辄上万字，如果只靠死记硬背，不仅记得慢，而且可能记错。好演员记台词会先让自己进入角色，体会角色在场景中的情绪感受，这时候再配合台词，记忆就变得简单了。

笔者有个朋友是网文作家，他说自己一个人憋在屋子里时，一点儿写作灵感都没有。人生第 1 次感觉写作灵感爆棚是在自己开始谈恋爱时，他觉得自己找到了一生挚爱，于是一口气写出了一部结局圆满的爱情小说。

第 2 次写作灵感涌现是在见对方的父母时，他发现对方的父母对

自己并不满意，他觉得自己被羞辱了，也隐隐察觉到了危机。这种情绪无处发泄，于是他一口气写出了一部男主从"小白"逆袭成为 CEO 的职场励志小说。

第 3 次写作灵感爆发是在他和这个女朋友分手时。他们一起经历了不少风风雨雨，已经谈婚论嫁，最终却没有走到一起。他感到无比的失望、悲愤，于是一口气写出了一部凄美、悲惨的爱情小说。

情绪记忆法同样可以运用在学校的学习中。

上学时，身边总有那么一两个特别会"临时抱佛脚"的人。老师马上要检查背课文了，这些人看一遍课文，就能顺畅地背下来；明天要考试了，今天才开始复习，却能取得好成绩。

平时也没见这些人在别的事上聪明过人啊？他们是怎么做到的呢？

答案很可能是这些人善于利用情绪加深记忆。

我们的情绪是由大脑的杏仁核管理的。它只有小指指甲那么大，却掌控着我们的喜悦、悲伤、焦虑、内疚等各种情绪。

在远古时代，能够引发情绪波动的事情都很重要，如找到美味的食物、被野兽追捕等。只有记住这些事情，才能更好地生存下来。

因此，大脑中负责记忆的海马体就和杏仁核建立了联动关系。如果一件事激活了杏仁核，那么海马体就会认为它很重要，值得记忆。

那些特别擅长"临时抱佛脚"的同学很可能是利用考前的焦虑情绪，提升记忆能力，一下子记住大量知识。

这就是为什么我们很容易记住那些让我们开心或悲伤的故事。所以，我们可以利用情绪加深记忆。记忆时，不要闷头死记，可以和自己的情绪联系起来。

例如，数学公式背不下来，可以想象数学老师满脸通红、怒发冲冠给你讲数学公式的样子。

西蒙学习法：
如何在短时间内快速学会新知识

单词记不住，可以给每个单词编一个惊心动魄的故事。例如，记忆 Cheetah（猎豹）的时候，想象一只猎豹在你屁股后面追你。

历史事件的时间记不住，可以想象当时的场景。例如，记忆项羽乌江自刎的时间，就想象你是项羽，站在冰冷的乌江边，孤身一人，拿着宝剑在河边写：公元前 202 年。

只要我们把情绪带入记忆的过程中，杏仁核就会告诉海马体，这个内容很重要，需要记住。这时，海马体就会加紧工作，将知识印刻在大脑中。这样，我们就借助情绪加深了记忆。

6.6　费曼学习法：深刻理解，融会贯通

理查德·菲利普斯·费曼（Richard Phillips Feynman）是 1965 年诺贝尔物理学奖得主，也是 20 世纪最杰出的科学家之一。很多人觉得，费曼一定是个智商超群的天才。实际上，费曼的智商称不上超群，只比普通人高了一点。他的成就主要来自他有一套独特的学习方法。这套方法，被后人称为费曼学习法。

费曼不仅在科学领域有所建树，他其实还是个通才。他自学了绘画，匿名将作品放在一个专业画廊里，卖了一个好价钱；他是在巴西国家级桑巴舞游行上表演的敲鼓高手。

为什么他能成为不同领域的高手呢？

答案是与西蒙一样，费曼也有一套属于自己的学习方法——费曼学习法。

费曼学习法的核心原理是输出倒逼输入。

人生有两件重要的事，一件事是输入，另一件事是输出。输入

指那些能扩充自身知识体系，能让自身变强的事，如学习、健身、禅修、冥想等。输出指那些能增加自身价值的事，如教学、创业、工作、开展副业等。

人性决定了大多数人不爱学习，如果能闲着，很少有人愿意让自己忙碌起来。因为输入的过程一定是艰苦的。学习过程不仅艰难，而且人们很难抓到要领，不知道自己是不是在真正学习。有没有办法让自己持续输入，持续学习，而且能学好呢？

费曼学习法就是用输出来倒逼输入。输出倒逼输入的基本原理是，不是因为自己要输入，所以要输入，而是因为自己要输出，所以要输入。要输出是一件既定的事，输出必然需要输入，没有输入，就无法输出。因为要输出，人的所有精力都会放在输出上，会让输入变成一件自然而然的事。

要想快速、深刻地学习和理解某事物，最好的办法就是尝试将它教给别人。教别人知识能促进自己学习，尝试教别人是非常好的学习方法。这正是中国人常说的教学相长。

费曼说："只有发现自己能教别人时，才代表自己真的学会。如果没有办法把一个知识简化到让大一的学生也能听懂，这说明我自己也没真正搞明白。"

教学相长是放之四海皆准的道理，西蒙有过很长的教学生涯，他说自己在教学期间，学到的内容比学生学到的更多。

很多人会有这样的体验，当自己刚知道某件新鲜事时，觉得很有趣，很想向身边的人描述这件事，让身边人也能感受到这件事的有趣之处。

然而到自己真要表达这件事的时候，却发现词不达意，语言前后不连贯，甚至漏掉了很多细节，结果让身边的人对这件事毫无感觉。

西蒙学习法：
如何在短时间内快速学会新知识

一开始有向别人传达的冲动，是以为自己学习并理解了那件事，具备把那件事表述清楚的能力。后来实际表达时自己说不清楚，才发现自己根本没搞懂这件事。

通过教别人，人们不仅可以检验自己有没有真正搞懂某件事，而且更容易发现对于这件事自己哪里没搞清楚，更容易发现自己的盲区，同时还可以促进自己精准定向地、主动自发地学习。这就让原本来自外部的、被动地学习变成来自内部的、主动地学习。

由外向内学习，是被动地获取信息，被动地接受信息；由内向外学习，是主动地搜集资料，主动地学习和完善自己的知识体系。

有一对农民夫妇，他们的文化水平都不高，因为儿子学习不好，不喜欢读书，本来不准备让儿子继续上学了，要不是因为儿子年龄不够，两口子都商量着送孩子去工厂打工了。后来村主任知道了这事，给他们做了不少思想工作，这对夫妇才愿意把孩子送去学校继续读书。

丈夫心疼交的学费，要求孩子每天把在学校学的东西讲给自己和他妈妈听，这样相当于花 1 份学费，教了 3 个人。

儿子一开始很抵触学习，后来变得越来越喜欢学习，再后来学习成绩越来越好，最后考上了清华大学。

夫妇的儿子并没有过人的智力水平，一开始也没有学习的兴趣，但为什么后来面对相同的知识，他总是学得比别人更快呢？原因是这位父亲无意中让儿子掌握了费曼学习法。

笔者也有类似的学习体验。

笔者刚开始学历史时学得很不好，因为那时错误地认为学历史就是要背下每一个历史事件发生的时间，把历史当成了一门毫无规律、纯靠死记硬背的学科。

笔者的爷爷以前是红军战士，是老党员，参加过抗日、抗美援朝。战争在他身上留下了无数伤疤，他的一只眼睛曾在战争中被炸伤摘除。爷爷本身就喜欢历史，很关心学校的历史课都教些什么。他也很想知道当年自己参与过的那些战役，在历史课本上是怎么说的，于是总拉着笔者问。

笔者一开始敷衍地回答说也没学什么，就是哪年发生了什么事，如 1950 年抗美援朝。

爷爷说："等等，1950 年抗美援朝？然后呢？"

笔者说："然后我哪记得住，那些又不考。考试只考 1950 年。"

爷爷翻看了笔者的课本，对笔者的回答很不满意，狠狠地训斥了笔者。

他说："当年那么多革命先烈浴血奋战，献出了自己最宝贵的生命。你生活在和平年代，可以安心地学习，应该感到幸运和感恩。那么多先烈用生命谱写的壮烈故事，到你这里就只是一个年份？亏你还是我这个老红军的孙子！"

爷爷的话不仅让笔者感到羞愧，让笔者深刻理解了历史这门学科的意义，而且让笔者发现了学好历史的方法。

笔者每过一段时间，就会把学到的历史知识讲给爷爷听。爷爷发现有不对之处，会予以纠正。他还会给笔者讲很多他亲身经历的事，让笔者仿佛亲身经历了一般，笔者对历史事件的理解也更加深刻了。

以前学历史只记忆时间和事件，总是记不住。现在可以大段讲述历史故事，反而记得很深刻。当笔者发现分享的魔力后，也经常在学习别的学科时主动分享，这让笔者其他学科的学习成绩也非常优秀。

为什么教别人反而会让自己学得更好呢？

因为教别人的同时，能够帮助自己梳理知识脉络，发现自己在哪些方面存在问题。很多时候，我们只是以为自己知道，其实自己不全知道。

要想把某个知识用最简单、最通俗的语言讲出来，让从来没有接触过这个知识的人能够很快听得懂，既能让 10 岁小孩听得懂，也能让 90 岁的老人听得懂，前提一定是自己要先深刻理解、融会贯通，然后才能深入浅出地讲出来。

6.7 竞争学习法：学习的路上不再孤单

笔者曾经在自己的公司推行微课学习，鼓励大家利用碎片时间学习。刚开始只是倡导，但发现很多员工不买账。毕竟是成年人，他们怎么会轻易听别人的安排，而且由于缺乏内在动力，拖延的情况随时都可能出现。后来笔者在公司引入竞争机制，结果大家纷纷行动起来。

笔者将微课学习的时间设置为不超过 15 分钟，大约每周一次，全年共 50 次。每期微课结束后，会有相应的培训评估作业，根据培训内容的不同，有时是制定计划方案，有时是考试，有时是提出合理化建议，有时是写感悟。

按照要求完成整个微课课程及评估作业者将获得培训学分 1 分。在微课群内分享行业、产品以及管理等相关知识供大家学习与探讨的，一次奖励培训学分 0.2 分。年终累计的培训学分将按照 5：1 的比例兑换绩效考核得分。

笔者公司按照年终绩效考核得分来分配绩效奖金，以中层管理者为例，在类似岗位、相同职等职级、年终绩效考核其他项得分一样的情况下，如果 A 全年每周都参与微课学习，B 从不参与，那 A 的绩效考核得分将比 B 高 10 分。根据每年奖金池的不同，换算成绩效奖金，A 大约会比 B 的奖金高 3000~5000 元。

这是运用正激励的原理，B 如果不想接受微课培训，公司不会罚他，也不会逼他。但是，A 在进步，公司会奖励 A。不患寡而患不均，这时候 B 也多半会行动起来。B 会想，公司表面上没有罚他，但年底 A 因为比他得分高而多得的奖金，其实有一半"原本应该"是他的。

后来，笔者公司每期微课的参与率都在 95%。笔者推广微课成功的经验也得到了许多兄弟公司和咨询机构的一致好评。

当一个人学习没有动力时，引入一个竞争者，他就会自然而然产生学习的动力。就像是一个人在慢跑时，本来有自己的节奏，可当有人的速度快超过自己时，他会不自觉地加快脚步。管理中的"鲇鱼效应"，也是类似的原理。当内部动力不足时，可以向外求。

竞争学习法在学校的学习中也同样适用。在脑海中设置一个比自己更优秀的竞争对手，能够给自己带来学习的动力，促使自己不断追赶竞争对手，超越竞争对手。

竞争对手可以放在心里，也可以公开。当然，公开竞争对手，最好不要简单地让自己与对方对立，而是可以和对方一起成立学习小组，成为伙伴，在学习小组内部建立比学赶超的学习氛围，相互竞争，相互促进。

高中时，笔者与两个热爱学习、志同道合的朋友一起组建了学习小组。我们 3 个人经常一起做作业，一起交流问题，笔者从中受益颇多。

除了通过竞争促进学习外，组建学习小组还有什么好处呢？

1. 获得讨论机会

讨论有助于加快对所学知识的理解和记忆速度。讨论的过程是不断听和说的过程。我们每听到一个知识点，都是一次输入，都能对已掌握的内容进行一次复习。

小伙伴每次讲的时候都有具体的场景、语气和表情。这会让我们的记忆包含更丰富的信息，记忆效果远好于背诵和做题。

在小组成员水平很接近的情况下，每个人都有表达的机会。而我们自己每说出一个知识点，都是一次输出。

在输出时，我们会对记忆进行检索，然后进行思考和整理。这可以加深我们对知识的理解。如果我们的理解有问题，小伙伴也会第一时间指出来。

2. 获得情绪价值

在日常生活中，我们总会遇到一些不开心的事情，需要找人倾诉，但有些事情不方便对家长和老师说。这时候，我们就可以对小伙伴说。

在学习过程中，我们都会遇到低迷阶段。在这个阶段，如果能够获得别人的鼓励，就可以减少对当前功课的负面影响，并尽快走出这个状态。

毕竟同一个学习小组的小伙伴长期待在一起，很容易发现其他人的情绪问题。

3. 获得更高效率

多个人一起做同样的事，大家会不自觉地比赛竞争，从而整体提高做事效率。

高中上自习课时，大家一起写作业，总会比谁写得又快，正确率又高。大学跑步的时候，笔者自己跑 3000 米，要用 15 分钟；而和同学一起跑，只要 14 分钟多一点。

这类现象被称为"社会促进效应"。毕竟每个人心里都是要强的，不想表现得比别人差。小伙伴的水平都差不多，每个人都会想：只要我努力，就不会落下，甚至会超出别人一点点。

这样不仅会提高效率，还会养成良好的习惯——不拖延。

学习小组的价值是多方面的。它不仅可以帮助我们通过讨论巩固所学知识，还可以为我们提供更多的情绪价值，让我们以更高效率完成学习任务。

有机会的话，可以尝试找几位志同道合的小伙伴组成学习小组，一起进步。

6.8 番茄工作法：科学规划和安排时间

很多人有这样的学习体验——专心学习两小时后，感觉精力不足，只想休息；休息了一段时间后，觉得好像依然力不从心，不想再做与学习相关的任何事，也很难再次进入专注的状态。这实际上是透支专注力的表现。

专注力就像体力。当人们耗费了体力后，需要休息一段时间来恢复。专注力也是一样，当人们在一段时间内保持专注后，也需要一定的时间来恢复。当人们专注某事时，每隔一段时间，就应当主动休息，让大脑得到充分放松。这样做有助于下一阶段专注做事。

番茄工作法就是一种持续专注、定时休息，保证持续用好专注力的方法。当人们有大段时间可以自由支配用来学习时，可以采用番茄工作法。

番茄工作法的原理是把 25 分钟左右的时间作为一个番茄时间。在一个番茄时间内，专心完成某项学习任务，保持最强的专注力，过程中不做任何与完成学习任务无关的事，不被任何事打扰。每个番茄时间结束后，休息 3~5 分钟。然后再进入下一个番茄时间。

运用番茄工作法学习，可以采取如下步骤。

1. 明确学什么

运用番茄工作法学习的第 1 步是明确学习目标和学习任务，这也是西蒙学习法的关键环节。有了目标和任务，便于规划在不同的时间需要完成的具体学习任务，便于明确用多久的时间达到学习目标。

例如，对学生来说，可以明确今天一天之内要做完多少道物理题，做完多少道数学题，背诵多少篇语文课文等。

2. 分配学习任务

明确了目标和任务后，需要将学习任务纳入番茄时间中。一个番茄时间大约是 25 分钟，所以每个番茄时间里分配的学习任务应当与总时间匹配，不能难度过大，设置难以完成的学习任务；也不能毫无难度，设置易于完成的学习任务。

例如，对学生来说，可以设置第 1 个番茄时间，做完 1 道物理题和 2 道数学题；第 2 个番茄时间，背诵 1 篇语文课文。

3. 设置提醒

接下来要设置闹钟提醒自己，让自己严格按照规划好的番茄时间来执行，该休息时就休息，该专心学习时就专心学习。我们可以将时间定为 25 分钟。这里需要注意，25 分钟并非是固定的，根据学习任务量的不同，我们可以将番茄时间定为 20~40 分钟。

4. 开始实施，避免干扰

开始学习时，开启闹钟，全身心地投入学习任务，并要避免被周围环境干扰。避免干扰需要提前做好准备。为了避免被手机打扰，可以将手机放远。为了避免被家人打扰，可以提前和家人打好招呼。

5. 间歇休息

当一个番茄时间结束时，休息 3~5 分钟。休息时要全身心放松，不要再想学习的事，期间可以走动、喝水。注意，休息期间最好不要玩手机，不然很容易超时。

6. 持续循环

休息时间结束后，设置下一个番茄时间，完成下一个学习任务，如此循环往复，直至完成最后一个学习任务。

如果学习任务较多，可以在每 3~5 个番茄时间结束后休息 20 分钟左右。

用番茄工作法学习，我们不仅可以科学规划学习时间，而且能够保持专注力，实现高效学习。

运用番茄工作法最容易在以下 3 个环节上出问题，运用时应特别注意。

1. 规划不准

有的人在运用番茄工作法学习时，对自己的学习能力和待学习的内容认知不清，眼高手低，觉得自己在 25 分钟内能学会，但其实时间不够。有时候勉强在 25 分钟内完成了信息记忆，但远达不到学会的程度。

针对规划不准的问题，一开始可以不要制定过于宏大的规划。例如，对于一些并不熟悉的知识，不必一下子制定一天的学习规划，可以先设置 25 分钟的学习任务，通过小步慢跑式的不断尝试，找到合适的学习节奏。

2. 中途打断

有的人在运用番茄工作法学习时，会被意想不到的外界事物打断。例如，听到隔壁有说话的声音，就想侧耳听一下隔壁在说什么；楼上孩子玩闹发出声响，就有些心烦意乱；无意间从窗户看到外面有人在遛狗，一下子被狗所吸引。

针对中途打断的问题，我们要提前做好心理建设，管住自己的注意力，控制自己的好奇心。既然番茄工作法强调学习过程中的专注，就不可以轻易被打断。

3. 过度休息

有的人在运用番茄工作法学习时，到了休息时间，便拿起手机看短视频。原本以为一个短视频只有几分钟或几十秒，5分钟休息时间能看好几个短视频，结果一开始看就停不下来，不知不觉就过去了一个小时。

针对过度休息的问题，要提前做好休息时间的规划，定好时间限制。最好明确休息期间什么可以做，什么不可以做。最好不要看手机，如果要看就提前定好规则。特别想看短视频也不是不行，但同样应当设定闹钟，休息时间到了就不能再看。

6.9　康奈尔笔记法：让笔记发挥大作用

如何高效做笔记？

目前较好的高效笔记方法是康奈尔笔记法。康奈尔笔记法（Conneln's Note Taking Method）是康奈尔大学教授沃尔特·鲍克（Walter Pauk）提出的。康奈尔笔记法通过将笔记本分成3个区域，分别记录笔记内容、线索和总结，来完成笔记的记录和使用。康奈尔笔记形态如图6-1所示。

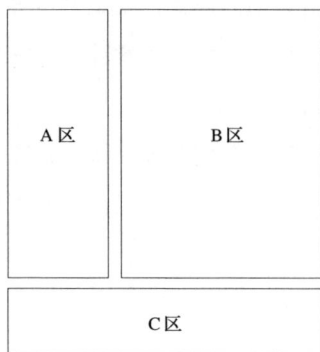

图6-1　康奈尔笔记形态

使用康奈尔笔记法做笔记的步骤如下。

1. 先用B区

使用康奈尔笔记法时，要先用B区。B区记录的笔记内容就是重点知识或难点知识。在B区做记录时，要注意以下3点。

（1）列明要点。B区的笔记内容应当分门别类，有一定的条理性和逻辑性。相同的或相似的内容应当记录在一起，相关性不强的内容可以在不同页记录。

（2）言简意赅。做笔记并不是把所有看到或听到的重点内容原封不动地记录下来。做笔记应当言简意赅，尽可能多地使用符号或缩写，缩短笔记的篇幅。

（3）留有空间。笔记中的每个要点应当形成段落，要点之间应当留有一定的空间，一来是为了好区分，二来是为将来做笔记内容的补充留有余地。

2. 再用 A 区

用完 B 区后，再在 A 区做 B 区内容的整理归纳，用关键词或标签化的方式与 B 区不同段落的内容一一对应。A 区的内容有三大作用。

（1）复习。用手或纸张盖住 B 区的内容，通过只看 A 区的关键词或标签，回忆 B 区的主要内容。当看到 A 区内容能够完整无误地回忆并讲出 B 区记录的主要内容时，代表已经掌握了知识。

（2）检索。A 区因为记录着关键词或标签，所以可以用来快速检索知识，而不必完整地看完 B 区记录的所有内容。

（3）梳理。A 区的关键词或标签有助于梳理知识结构，可以直接放在思维导图中，作为对知识体系的归纳。

3. 最后用 C 区

C 区的作用主要有以下 3 点。

（1）重点复习。C 区可以记录整页笔记中最重要的内容，也可以对重点内容做进一步的补充或延伸。复习时，可以跳过 B 区中已经掌握的知识，重点看 C 区的知识。

（2）难点突破。C 区可以记录当前没有掌握好的难点知识。这些难点知识可能比较难记忆，可能经常记错，需要多次复习。

（3）总结思考。对于同一个知识，人们在不同时期的思考深度和认知维度是不同的，C 区可以用来做知识的拓展，记录更多的总结思考。

对学生来说，可以把康奈尔笔记法与课上、课下不同阶段的学习联系在一起。传统笔记更多是记录老师讲解的内容，属于被动学习。在复习时，我们经常需要重新总结，并记录感悟。这时，我们往往受限于笔记空间，需要重新誊写笔记，费时费力。康奈尔笔记法则能够比较好地解决这些问题。

划分好空间后，可以按照以下 5 个步骤应用康奈尔笔记法。

1. 记录内容（Record）

上课时，首先在 B 区中记录内容。记录时要保证各类重要知识点和新知识点的完整性，避免对后面的步骤造成影响。

2. 简化内容（Reduce）

下课后，对 B 区内容进行整理，快速复习课上所学内容。整理过程中应提炼核心知识点，将关键词、标签写到 A 区中。这个过程可以让我们对课上所学知识进行一次快速巩固，如果发现有不明白的地方，还可以及时向老师和同学请教。

3. 背诵内容（Recite）

睡觉前，对照笔记复述一次。复述时，用手盖住 B 区，然后看着 A 区，回顾课上讲解的内容。这个过程能让大脑重新梳理一遍当天所学的知识。这样，大脑可以利用睡觉时间对知识进行进一步加工，尽快将知识转化为长时记忆。

4. 思考内容（Reflect）

在简化内容和背诵内容的过程中，我们经常会有自己的思考和感想。对于这些内容，我们需要及时记录在 C 区中。如果发现新的困难和问题，也可以记录在这里。这样可以避免因忘记而造成问题的遗漏。

5. 复习内容（Review）

对于每节课的笔记，我们都需要定期复习。例如，我们可以以第 2 天、周末、月末的时间周期进行多次复习。

复习时，我们首先用手盖住 B 区，通过 A 区的关键词回忆每个知识点；然后再查看 B 区内容，检查是否有偏差和遗漏；最后，查看 C 区中的问题，确认问题是否已解决，并做进一步的修正或补充。